Dekorative Holzarbeiten

Dekorative Holzarbeiten für Haus und Garten

Stewart und Sally Walton

Fotos von David Montgomery

Bechtermünz Verlag

Originaltitel: Painted Woodcraft
Zuerst veröffentlicht in Großbritannien 1997 durch Ryland Peters & Small Ltd
Cavendish House
51-55 Mortimer Street
London W1N 7TD

Deutsche Erstausgabe

Deutsche Bearbeitung: Verlagsbüro Michael Holtmann, Bayreuth
Übersetzung: Ekkehard Dengler, Michael Holtmann, Markus Reim
Fotografie: David Montgomery
Design: Mark Latter
Illustration: Michael Hill

Gesamtherstellung: Sun Fung Offset Binding Co., Ltd, Shenzen
Printed in China
ISBN 3-8289-2291-0

Inhalt

Einleitung

Seit den Anfängen der Zivilisation benutzt der Mensch Werkzeug, um Holz zu bearbeiten und zu gestalten, und die Museen dokumentieren den Alltag unserer Vorfahren mit von Menschenhand geschaffenen Gegenständen, die uns erhalten geblieben sind. Schon früh wurde Holz zur Verschönerung bemalt und mit anderen Materialien eingelegt oder zu zeremoniellen Zwecken mit aufwendigen Schnitzmustern versehen. Wirft man einen Blick zurück, dann hat es den Anschein, daß das Bemalen und Bearbeiten von Holz eine Tätigkeit ist, die dem Menschen naheliegt – und etwas, das uns allen unseren individuellen Fertigkeiten entsprechend Vergnügen bereiten kann.

Wenn Sie schon Erfahrung mit Holzarbeiten haben und Anregungen suchen oder kreative Dekorationsmalerei betreiben und nach einer neuen Arbeitsoberfläche Ausschau halten, oder wenn Sie noch nie versucht haben, zu malen oder Dinge aus Holz herzustellen, aber gerne damit anfangen würden – dann ist dies das richtige Buch für Sie.

Das erste Kapitel enthält aufwendige Fotos, die Schritt für Schritt die Maltechniken und Effekte veranschaulichen, die in den Arbeiten zur Anwendung kommen. Alle wesentlichen Schritte der Montage und Dekoration der Arbeiten selbst werden von Illustrationen begleitet. Des weiteren findet sich eine umfassende Zusammenstellung der wichtigsten Werkzeuge, Utensilien und Techniken, die Sie benötigen werden.

Einige Arbeiten sind hauptsächlich malerischer Art und müssen nur noch aus Holz gesägt werden, wie beispielsweise das Zifferblatt und die Hausnummern. Andere, wie der Gewürzschrank, stellen eine größere Herausforderung dar. Alle Arbeiten sind jedoch so angelegt, daß sie von Leuten mit unterschiedlichen Fähigkeiten ausgeführt werden können. Auch wenn Sie noch nie eine Schneidlade oder eine Kraqueleelasur benutzt haben, hoffen wir also, daß Sie sich auf das Abenteuer einlassen.

Oberflächen-behandlung

Die Arbeiten in diesem Buch sind für Menschen mit verschiedensten Fertigkeitsstufen geeignet: für Fortgeschrittene mit jahrelanger Erfahrung wie auch für Anfänger.

Es trifft zwar zu, daß einige Oberflächen Geduld, Geschick und viel Übung erfordern, doch gibt es auch andere, die unkompliziert sind, Spaß machen und nur einfachste haushaltsübliche Dekorationsmaterialien benötigen.

Die meisten von uns haben eine Auswahl an Pinseln, Sandpapier und Zeichenzubehör zu Hause, und jeder Heimwerkermarkt führt ein gutes Sortiment an Farben.

Manche Künstlerfarben müssen zwar unter Umständen in einem Geschäft für Künstlerbedarf besorgt werden, doch sind sie leicht erhältlich und nicht allzu teuer.

Blattgold und Kraqueleelasur können unter Verwendung von Spezialprodukten verarbeitet werden, die gebrauchsfertig zusammengestellt käuflich sind. Diese haben den Vorteil, daß sie alles Benötigte in einer kleinen Packung bieten, die für ein oder zwei Arbeiten reicht. Wir zeigen auch, wie man Holz künstlich altern lassen oder kalken kann.

Alle auf den folgenden Seiten dargestellten Oberflächenbehandlungen sind für Anfänger und Fortgeschrittene gleichermaßen machbar. Wer schon Erfahrung mitbringt, wird wissen, daß jede kreative Tätigkeit sich lohnt.

Lassen Sie sich nicht entmutigen, wenn Sie nicht für Tischlerarbeiten ausgerüstet sind. Man kann viele der Gegenstände kaufen, die den in diesem Buch vorgestellten ähneln, und ihnen nur die Farbbehandlung zuteil werden lassen.

MATERIALIEN UND HILFSMITTEL

Schneideunterlage
Dicke Pappe, z.B. Passepartoutkarton, 100 x 120 mm, für jeden Kamm
Hobbymesser
Farbe für Grundanstrich, z.B. matte Emulsionsfarbe mit hellerem Ton als die angerührte Lasur
Lasur auf Öl- oder Wasserbasis mit folgender Zusammensetzung:
1 Teil Farbe auf 1 Teil Lack (zusammen mit Polyurethanlack Künstlerölfarbe, mit wasserlöslichem Lack Künstleracrylfarbe verwenden)
Flacher weißer Behälter zum Anmischen
2 kleine Lackierpinsel
Holzreste

VORSCHLÄGE

Geeignet für kleine Gegenstände wie:
das Nähkästchen (Seite 22)
das Schlüsselschränkchen (Seite 51)
die Buntstiftbox (Seite 69)
die Geldbox (Seite 80)
die Bilderrahmen (Seite 93)

Kammzug

Der Effekt der Kammzugmuster entsteht nur, solange die Lasur frisch und noch zu bearbeiten ist – wenden Sie die Technik also auf kleinere Gegenstände oder Teiloberflächen wie Paneele von größeren Stücken an. Gummikämme zum Maserieren gibt es zu kaufen, man kann sie auch leicht selbst aus Pappe zuschneiden.

1 Fertigen Sie auf einer Unterlage mehrere Kämme an, indem Sie aus den dicken Pappplatten kleine Dreiecke ausschneiden. Schneiden Sie in eine Seite mit einem scharfen Messer verschiedene Zinken. Streichen Sie den Grundanstrich auf einen Holzrest, danach erst auf den Gegenstand. Trocknen lassen.

2 Rühren Sie eine Lasur auf Öl- oder Wasserbasis an – Acrylfarbe mit wasserlöslichem Lack oder Ölfarbe mit Polyurethanlack. Die Abbildung zeigt Polyurethanlack mit gleichen Teilen Kadmiumrot und gebranntem Siena. Testen Sie die Lasur zuerst an einem alten Stück Holz.

3 Streichen Sie mit einem Pinsel Lasur auf die Farbschicht. Beginnen Sie am Rand und ziehen Sie den Kamm über das Werkstück. Halten Sie die Pappe in einem 45°-Winkel; bewegen Sie sie auf und ab. Bearbeiten Sie den angrenzenden Streifen mit dem Kamm. Über die ganze Oberfläche wiederholen.

4 Dieser einfache Korbflecht-Effekt entsteht genauso, wobei Sie diesmal gerade senk- und waagrechte Linien mit dem Kamm ziehen. Arbeiten Sie zuerst in einer Richtung, drehen Sie dann das Werkstück und kämmen Sie im rechten Winkel zum ersten Muster.

Porphyreffekt

Dieser Effekt entsteht, indem verschiedene Farben auf einen einfarbigen Grundanstrich aufgespritzt werden, so daß die Oberfläche wie polierter Stein sieht. Terrakotta, Grau und Grün erzeugen die realistischsten Effekte. Aber Vorsicht: Diese Technik kann zu einer schmutzigen Angelegenheit werden. Schützen Sie deshalb ihre Arbeitsfläche mit Zeitungspapier und einem Spritzschutz.

1 Fertigen Sie aus einem alten Karton einen Spritzschutz an. Überziehen Sie die ganze Oberfläche des Werkstücks mit Terrakotta-Emulsionsfarbe. Tragen Sie eine weitere Schicht auf. Machen Sie die Terrakotta dunkler, indem Sie die gleiche Menge venezianischrote Acrylfarbe beifügen. Alles gut verrühren.

2 Tauchen Sie einen sauberen, trockenen kleinen Pinsel in die nachgedunkelte Terrakotta-Farbe. Halten Sie den Pinsel in 250–300 mm von der Oberfläche. Biegen Sie die Pinselspitze mit dem Finger auf sich zu, so daß die Farbe auf die Oberfläche spritzt. Tragen Sie so eine gleichmäßige Farbschicht auf.

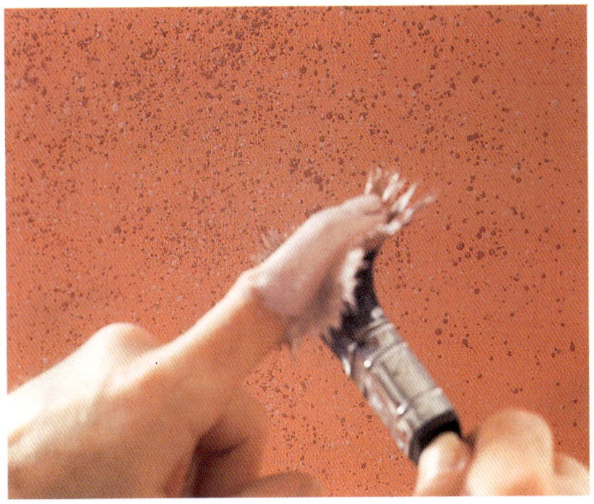

3 Setzen Sie, um den Ton hellrosa werden zu lassen, der restlichen Terrakotta-Farbe einen gleichen Teil weiße Acryl- oder Emulsionsfarbe hinzu. Wiederholen Sie den Spritzvorgang, bis das Stück gleichmäßig bedeckt ist. Sie können für einen besseren Effekt eine weitere Farbe beimischen.

4 Versiegeln Sie die bemalte Oberfläche mit einer Schicht Schellack, um so einen goldenen Glanz und eine dünne Schutzschicht zu erreichen. Schleifen Sie die Fläche, um eine noch gleichmäßigere Oberfläche zu erzielen, mit Sandpapier ab und überziehen Sie sie mit einer weiteren Schicht Schellack.

Materialien und Hilfsmittel

- Karton als Spritzschutz
- Emulsionsfarbe Terrakotta
- Künstleracrylfarbe Venezianischrot
- Weiße Künstleracryl- oder Emulsionsfarbe
- Schwarze oder blaue Künstleracryl- oder Emulsionsfarbe (nach Wunsch)
- Schellack
- Wasserlöslicher Lack (nach Wunsch)
- Flacher weißer Behälter zum Anmischen
- 4-5 kleine Lackierpinsel
- Feines Sandpapier

Vorschläge

Erliegen Sie nicht der Versuchung, diese Technik auf einer großen Fläche wie z.B. einer Wand einzusetzen – der Effekt kann optisch überladen wirken. Die Technik ist besser für kleine Oberflächen geeignet und kann an viele der Gegenstände in diesem Buch angepaßt werden, u.a.:

die Briefablage (Seite 26)
die Geldbox (Seite 80)
die Bilderrahmen (Seite 93)
den Lampenfuß (Seite 112)

Schablonieren

Schablonen können einfach oder komplex sein, aber vergessen Sie nicht, daß Sie in der Wahl des Motivs eingeschränkt sind, denn alle Elemente müssen sich in den Hintergrund „einpassen". Wachspappe ist billig und leicht zu schneiden, aber durchsichtige Plastikfolien gestatten es Ihnen, Ihr Motiv genauer zu positionieren. Es gibt eine goldene Regel: Benutzen Sie nie zu viel Farbe.

MATERIALIEN UND HILFSMITTEL

- Pauspapier
- Bleistift
- Sprühkleber
- Wachspappe oder durchsichtige Plastikfolie
- Schneideunterlage
- Hobbymesser
- Künstleröl- oder Künstleracrylfarben
- Polyurethanlack oder wasserlöslicher Lack
- Schablonierpinsel
- Saugfähiges Papier

VORSCHLÄGE

Schablonen sind vielfältig einsetzbar und können sogar auf Wänden und in ganzen Zimmern zur Anwendung kommen. Sie sind für viele der Arbeiten in diesem Buch geeignet, u.a. für:

den Kerzenkasten (Seite 36)
den Schlüsselschrank (Seite 51)
die Ziehente (Seite 62)
die Bilderrahmen (Seite 93)
den Blumenkasten (Seite 100)

1 Pausen Sie Ihr gewähltes Motiv sorgfältig ab. Sie können es auch photokopieren, um die gewünschte Größe zu erhalten. Überziehen Sie die Rückseite des Pauspapiers mit einer feinen Klebstoffschicht. Kleben Sie es auf die Wachspappe oder eine Plastikfolie. Achten Sie darauf, daß die Ränder gerade sind.

2 Legen Sie die Pappe auf eine Unterlage. Schneiden Sie die Schablone aus, indem Sie ein scharfes Messer durch die Pause drücken. Spuren Sie das Motiv sorgfältig nach. Drehen Sie dabei die Schablone, so daß Sie immer in dem Winkel schneiden, in dem Sie die Klinge am sichersten führen können.

3 Sprühen sie die Rückseite der Schablone mit Klebstoff ein und legen Sie sie auf die Oberfläche. Tauchen Sie den Pinsel in die Farbe und wischen Sie ihn an dem saugfähigen Papier ab, bis er fast trocken ist. Tupfen Sie die Farbe auf. Arbeiten Sie immer von außen nach innen.

4 Heben Sie eine Ecke der Schablone an, ohne sie zu entfernen, um zu prüfen, ob Sie genug Farbe benutzt haben. Gehen Sie behutsam vor, damit die Konturen nicht verwischen. Alles trocknen lassen. Nehmen Sie die Schablone ab. Bringen Sie zum Versiegeln eine oder mehrere Schichten Lack auf.

Kalken

Obwohl diese Technik keine Kalktechnik im eigentlichen Sinn ist, erzeugt sie doch einen ähnlichen Effekt. Die Oberfläche wird mit einer Drahtbürste bearbeitet und dann mit einer Schicht verdünnter weißer Emulsionsfarbe bedeckt. Diese wird dann angeschliffen, wodurch die Konturen des gemaserten Musters weiß hervortreten.

1 Fahren Sie mit einer kleinen Drahtbürste in Richtung des Faserverlaufs über die Oberfläche Ihres Werkstücks, um Rillen zu erzeugen, die die Farbe aufnehmen. Dieser Schritt ist der wichtigste: Je mehr Rillen Sie mit der Drahtbürste herausarbeiten, desto interessanter wird der Effekt. Gut säubern.

2 Gießen Sie weiße Emulsionsfarbe in einen Behälter. Fügen Sie Wasser hinzu, bis die Mischung die Konsistenz flüssiger Sahne annimmt. Gut umrühren. Tragen Sie die Farbe mit einem kleinen Lackierpinsel in Faserrichtung auf. Achten Sie darauf, daß alle Rillen Farbe aufnehmen. Trocknen lassen.

3 Schleifen Sie mit mittelfeinem Sandpapier die Farbe von der Oberfläche ab. Schmirgeln Sie das Werkstück noch einmal mit feinem Sandpapier ab, bis nur noch in der Maserung weiße Farbe zurückbleibt. Reiben Sie es behutsam mit Stahlwolle ab, um eine schöne glatte Oberfläche zu erzielen.

4 Tauchen Sie, um eine Schutzschicht zu erzeugen, ein sauberes weiches Tuch in Mattlack und überziehen Sie die gesamte Oberfläche mit einer dünnen Lackschicht, ohne daß der Lack in die Maserung eindringt und den kalkweißen Effekt zunichte macht. Trocknen lassen.

Materialien und Hilfsmittel

Kleine Drahtbürste
2 weiche Tücher
Weiße Emulsionsfarbe
Wasser
Wasserlöslicher Mattlack
Flacher weißer Behälter zum Anmischen
Kleiner Lackierpinsel
Mittelfeines und feines Sandpapier
Stahlwolle (nach Wunsch)

Vorschläge

Diese Technik erzeugt einen antiken oder rustikalen Eindruck und ist sowohl für größere Möbelstücke als auch für kleinere Gegenstände geeignet, z.B. für:
das Nähkästchen (Seite 22)
den Schlüsselschrank (Seite 51)
die Bilderrahmen (Seite 93)

Linieren

Erfolgreiches Linieren erfordert geeignetes Werkzeug und eine entspannte, sichere und ruhige Hand. Verwenden Sie Terpentin und Polyurethanlack, um Ölfarben, und Wasser, um Acrylfarben zu verdünnen. Ein Schriftpinsel hat lange Borsten, die viel Farbe aufnehmen können, die, während Sie arbeiten, stetig zur Spitze herabfließt.

Materialien und Hilfsmittel

Bleistift
Holzstreifen
Fuchsschwanzsäge
Klebeband zum Abdecken
2 Radiergummis (nach Wunsch)
Künstleracryl- oder Künstlerölfarbe
Wasser (zum Verdünnen von Acrylfarben)
Terpentin (zum Verdünnen von Ölfarben)
Polyurethanlack (zum Verdünnen von Ölfarben)
Flacher weißer Behälter zum Anmischen
Schriftpinsel
Holzreste

Vorschläge

Linieren kann vielfältig eingesetzt werden und ist für große Möbelstücke sowie für einige der in diesem Buch vorgestellten Arbeiten geeignet, unter anderem für:

die Geldbox (Seite 80)
den Blumenkasten (Seite 100)
das Modellbauschiff (Seite 116)

1 Ziehen Sie mit einem Bleistift Linien entlang der Kante des Werkstücks. Zeichnen Sie eine gerade Linie, indem Sie den Mittelfinger gestreckt halten und mit ihm seitlich über das Holz fahren, während Sie die Linie ziehen. Dies ist eine sehr gute Übung für freihändiges Linieren mit dem Pinsel in Schritt 4.

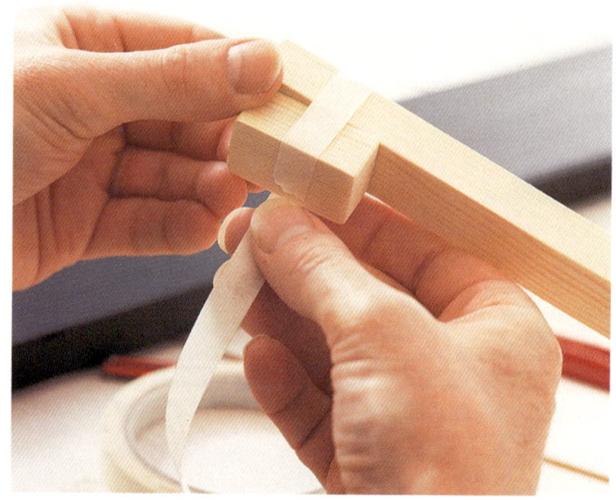

2 Stellen Sie aus einem Holzstreifen eine erhöhte Schiene her. Sägen Sie aus dem Holz zwei 50 mm lange Stücke aus. Befestigen Sie sie mit Klebeband an beiden Enden. Diese Stücke fungieren als „Füße“ und halten die Schiene über der zu bemalenden Fläche. Sie können auch die Radiergummis benutzen.

3 Verdünnen Sie die Farbe mit Wasser (Acrylfarbe) oder mit zwei Teilen Terpentin auf einen Teil Lack (Ölfarbe). Rühren Sie gut um und üben Sie dann auf Holzresten mit dem Schriftpinsel solange, bis die Farbe stetig fließt, ohne zu transparent zu werden. Danach werden Sie Ihre Hand sicher führen können.

4 Bringen Sie die erhöhte Schiene 10 mm von Ihrer vorgezeichneten Linie entfernt auf dem Holz an und halten Sie sie fest. Ziehen Sie, indem Sie den Stiel des Pinsels an der erhöhten Holzschiene abstützen, mit einer durchgehenden Bewegung eine gerade Linie; wenn Sie stocken, wackelt der Pinsel.

Antikeffekt

Es gibt einige effektive, wenn auch zeitraubende Wege, Möbelstücke älter aussehen zu lassen, zum Beispiel Holzwurmlöcher nachzuahmen oder normale Abnutzungserscheinungen zu reproduzieren. Diese Methode, ein Stück älter wirken zu lassen, ist relativ einfach und braucht sehr wenig Zeit. Das hier gezeigte Beispiel ist eine getäfelte Tür.

1 Schleifen Sie zunächst das unbehandelte Holz ab, zuerst mit mittelfeinem, dann mit feinem Sandpapier. Wischen Sie den Staub mit einem weichen Tuch ab. Tragen Sie mit einem kleinen Lackierpinsel eine Schicht Emulsionsfarbe auf das abgeschliffene Holz auf. Gut trocknen lassen, bevor Sie weitermachen.

2 Stellen Sie die zweite Farbe her, indem Sie drei Teile Acrylfarbe und einen Teil Emulsionsfarbe in einem flachen weißen Behälter verrühren. Fügen Sie dann einen Teil Wasser hinzu. Tragen Sie mit einem sauberen Pinsel eine gleichmäßige Schicht Farbe auf den Grundanstrich auf. Trocknen lassen.

3 Reiben Sie mit feinem Sandpapier die obere Farbschicht so ab, daß der Grundanstrich stellenweise durchscheint. Übersteigern Sie diesen Effekt an Stellen, an denen größere Abnutzung zu erwarten wäre, indem Sie auch den Grundanstrich abreiben. Streben Sie einen stufenlosen Effekt an.

4 Bringen Sie zuletzt mit einem weichen Tuch eine Schicht Antikwachs auf. Das ist farbiges Bienenwachs, das aufgerieben und wieder abpoliert wird, bis ein leichter Glanz, ein etwas dunklerer Ton und ein herrliches Aroma zurückbleiben. Es schützt Stellen, an denen das bloße Holz zu sehen ist..

Materialien und Hilfsmittel

- Mittelfeines und feines Sandpapier
- 2 weiche Tücher
- Emulsionsfarbe
- Künstleracrylfarbe
- Wasser
- Flacher weißer Behälter zum Anmischen
- 2 kleine Lackierpinsel
- Antikwachs

Vorschläge

Dies ist eine einfache Methode, größere Möbelstücke älter wirken zu lassen, aber auch kleinere Gegenstände wie:

den Schlüsselschrank (Seite 51)
die Ziehente (Seite 62)
das Puppenhaus (Seite 84)

MATERIALIEN UND HILFSMITTEL

Farbe für Grundanstrich, z.B. cremegetönte Emulsionsfarbe
Krakeleeset, bestehend aus: Grundierungslack, Krakeleelack
Künstlerölfarben, z.B. gebrannte Umbra
Weißer Spiritus (nach Wunsch)
Polyurethanlack
3 Pinsel nach Bedarf
2 weiche Tücher

VORSCHLÄGE

Diese attraktive Oberflächengestaltung ist für größere Möbelstücke geeignet, die aus kleineren Bestandteilen zusammengesetzt sind, z.B. kleine Tische, Kommoden und Stühle, sowie für einige der kleineren Gegenstände in diesem Buch, beispielsweise:
den Kerzenkasten (Seite 36)
das Tellerregal (Seite 43)
den Schlüsselschrank (Seite 51)
die Bilderrahmen (Seite 93)

Krakeleelasur

Dieser Effekt ist verblüffend einfach zu erzielen, besonders, da man die Materialien heute fertig zusammengestellt kaufen kann. Dazu gehören zwei Arten von Lacken – eine untere und eine obere Schicht –, die verschieden schnell trocknen, so daß die obere Schicht sich zusammenzieht und reißt, während die untere intakt bleibt. Auf die Risse wird dunkle Ölfarbe aufgetragen, um sie zu betonen.

1 Überziehen Sie Ihr Werkstück zunächst mit einem Grundanstrich. Wählen Sie einen Ton, von dem sich die Ölfarbe, die die Risse im Krakeleelack ausfüllen soll, gut abhebt. Dies ist cremegetönte Emulsionsfarbe, die gut mit der Künstleracrylfarbe kontrastiert. Tragen Sie, wenn die Farbe trocken ist, Klarlack auf.

2 (Ohne Abb.) Lassen Sie den ersten Lackanstrich vollständig trocknen. Tragen Sie dann nach den Hinweisen des Herstellers eine Schicht Krakeleelack auf. Halten Sie, während dieser trocknet, Ihr Werkstück schräg gegen das Licht. So können Sie sehen, wie die obere Lackschicht beginnt, rissig zu werden.

3 (Oben) Bringen Sie mit einem weichen Tuch eine dünne Schicht Ölfarbe auf die Oberfläche auf und reiben Sie sie gut in die Risse und Sprünge ein.

4 Reiben Sie mit einem weichen Tuch sämtliche Farbe von der Oberfläche ab, so daß sie nur in den Rissen zurückbleibt. Wenn Sie die Farbe nicht ablösen können, feuchten Sie das Tuch mit weißem Spiritus an. Der Spiritus darf nicht in die Risse eindringen.

5 Tragen Sie zuletzt eine Schicht Polyurethanlack auf, um die Oberfläche zu versiegeln.

Lackieren

Von einer Lackierung profitieren die meisten Oberflächen. Die Farben kommen besser zur Geltung, und Details treten hervor. Wählen Sie einen Polyurethanlack auf Lösungsmittelbasis oder einen wasserlöslichen Acryllack. Ersterer ist transparent und widerstandsfähig, letzterer in flüssigem Zustand trüb, nach dem Trocknen aber klar. Benutzen Sie stets hochwertige, saubere, breite Pinsel.

1 **Klarlack** Tauchen Sie den Pinsel, streifen sie den Überschuß an der Innenseite der Dose ab. Ziehen Sie den Pinsel nicht über den Dosenrand, sonst entstehen Blasen. Tragen Sie parallel zur Holzfaser auf. Lassen Sie einen Tropfen in die Mitte fallen. Pinseln Sie die Hälfte von sich weg, den Rest auf sich zu.

2 **Getönter Lack** Schütten Sie zuerst den Lack in den Behälter und geben Sie dann nach und nach die Farbe mit einem Pinsel dazu, bis Sie die gewünschte Intensität erhalten. Mischen sie wasserlösliche Lacke mit Acrylfarben und Polyurethanlacke mit Ölfarben. Auftragen wie Klarlack.

3 **Abtönen** Getönte Lacke sind nützlich, um die Farbe eines bemalten Holzgegenstands zu ändern. Sie können einen gelben Gegenstand mit blauem Lack überziehen, um Grün zu erhalten. Diese Technik kann auch eingesetzt werden, um die vorhandenen Farben aufzuhellen oder zu dämpfen.

4 **Antiklack** ist braun oder gelb getönt und kann dazu dienen, die Farbe des Holzes dunkler oder stumpfer und damit älter aussehen zu lassen. Wie Klarlack auftragen. Darauf achten, daß Unebenheiten und Risse bedeckt werden. Wischen Sie den Lack mit einem Tuch ab, bevor er ganz trocken ist.

Materialien und Hilfsmittel

Lack nach Bedarf
Farbe für getönten Lack
Antiklack, in Farbschattierungen erhältlich, die nach Hölzern benannt sind, z.B.
Eiche dunkel
Flacher weißer Behälter zum Anmischen
Pinsel nach Bedarf
Tuch

Vorschläge

Die meisten bemalten Stücke gewinnen durch eine oder mehrere Schichten Lack, z.B.
die Dekorationsfiguren (Seite 96)
die Geldbox (Seite 80)
das Modellbauschiff (Seite 116)

Vergolden

Hobbysets, wie sie in Kunsthandwerksläden verkauft werden, stehen zur Verfügung, um kleinen flachen Gegenständen wie diesem einfachen Bilderrahmen ein golden schimmerndes Aussehen zu verleihen. Die traditionelle Anreibevergoldung ist ein höchst anspruchsvolles Handwerk, aber Goldleim und Blattgold können selbst unerfahrene Maler benutzen.

MATERIALIEN UND HILFSMITTEL

Oxidrote Grundierfarbe
Goldleim (Klebstoff für Metallstaub und -Folien)
1-2 Heftchen Blattgold oder Blattgoldersatz (zu je 25 Blättern)
Schellack
3 kleine Lackierpinsel
Feine Stahlwolle

VORSCHLÄGE

Dieser leicht zu erzielende Effekt ist besonders für kleinere Dekorationsgegenstände geeignet, z.B.:
die Geldbox (Seite 80)
die Bilderrahmen (Seite 93)

1 Tragen Sie parallel zur Holzfaser oxidrote Grundierfarbe auf. Ca. eine Stunde trocknen lassen. Bringen Sie mit einem sauberen Pinsel Goldleim auf. Lassen Sie ihn so zähflüssig werden, daß Sie das Blattgold oder den Blattgoldersatz aufkleben können. Lassen Sie die Blätter leicht überlappen.

2 Entfernen Sie mit einem sauberen, trockenen Pinsel überschüssiges Blattgold. Der entstehende fleckige Effekt ist erwünscht, ebenso Stellen, an denen die rote Grundierfarbe unter dem Gold zu sehen ist. Wenn noch unansehnliche Lücken verbleiben, bedecken Sie sie vorsichtig mit Blattgold.

3 Der nächste Vorgang läßt die Blattgoldoberfläche älter wirken und verleiht dem Gegenstand echt antikes Aussehen. Reiben Sie zunächst mit einem Stück Stahlwolle über die vergoldeten Stellen – so wird die Oberfläche glatt und bekommt etwas Patina, ohne daß aber Blattgold entfernt wird.

4 Tragen Sie, um den Effekt zu vervollkommnen, mit einem Lackierpinsel eine Schicht Schellack auf das polierte Blattgold auf. Schellack besitzt einen warmen, goldgelben Ton, bringt also die vergoldete Fläche Ihres gewählten Werkstücks besser zur Geltung und bildet gleichzeitig eine Schutzschicht.

Holzmaserung

Von einem geübten Maler ausgeführt, kann eine solche Maserierung erstaunlich echt wirken. Diese einfache Methode ist jedoch eher impressionistisch als realistisch. Sie erfordert keine speziellen Werkzeuge – nur eine sichere Hand und einen trockenen Lackierpinsel. Dieses Muster erzeugt einen gesprenkelten, fein gemaserten Effekt.

1 Schleifen Sie das Holz zunächst mit feinem Sandpapier ab und wischen Sie es mit einem weichen Tuch ab, tragen Sie dann den Grundanstrich auf. Rühren Sie eine Lasur in der rechts aufgeführten Zusammensetzung an. Der Leinölfirnis – der die Farbe geschmeidig hält – wird zuletzt hinzugefügt.

2 Tragen Sie mit einem trockenen Pinsel eine kleine Menge Lasur auf, immer entlang der Holzfaser. Beginnen Sie mit dem Ihnen zugewandten Rand, halten Sie den Pinsel senkrecht und schieben Sie ihn von sich weg. Drücken Sie den Pinsel leicht nach unten, damit die Lasur in die Faser eindringt.

3 Fahren Sie fort, bis die Oberfläche des Holzes von Lasur überzogen ist. Drücken Sie einen sauberen, trockenen Pinsel flach auf die frisch bemalte Oberfläche. Ziehen Sie den Pinsel auf sich zu. Bewegen Sie ihn mit unregelmäßigen Bewegungen zu beiden Seiten, um eine Maserung zu imitieren.

4 Um ein Muster zu erzeugen, das Astlöchern ähnelt, wenden Sie die gleiche Methode an, lassen aber diesmal größere Mengen Lasur in die Oberfläche eindringen. Bringen Sie sie in Schichten auf, damit dichter wirkende Stellen entstehen. Machen Sie mit dem trockenen Pinsel schnelle Kreisbewegungen.

Materialien und Hilfsmittel

Feines Sandpapier
Weiches Tuch
Neutral getönte Farbe für Grundanstrich
Holzmaserungslasur mit folgender Zusammensetzung:
1 Teil Künstlerölfarbe Kadmiumrot
1 Teil Künstlerölfarbe gebrannte Umbra
1 Teil Polyurethanlack
1-2 Tropfen Leinöl (nach Wunsch)
Flacher weißer Behälter zum Anmischen
3–4 kleine Lackierpinsel

Vorschläge

Dieser impressionistische Effekt ist geeignet für Gegenstände wie:
den Gewürzschrank (Seite 46)
das Schlüsselschränkchen (Seite 51)
das Puppenhaus (Seite 84)
den Blumenkasten (Seite 100)

Für den Haushalt

Nähkästchen

Dieses Kästchen mit einer Schublade und zwei Fächern ist perfekt als Nähkästchen geeignet. Verwenden Sie altes Holz, damit die Maserung unter der geschmirgelten Grundierung durchschimmert und dem aufgemalten Muster zusätzlichen Reiz verleiht.

SIE BRAUCHEN

Materialien für das Nähkästchen

16 mm starkes gebrauchtes Holz (z.B. Dielenholz), zugesägt auf folgende Maße:
- Zweimal 165 x 300 mm (Vorder- und Rückseite)
- Zweimal 165 x 130 mm (Seitenwände)
- Zweimal circa 268 x 130 mm (Boden des Kästchens und des oberen Faches) (passend zugesägt)
- Einmal 340 x 202 mm (Deckeloberseite)

12,5 mm starkes Weichholz mit folgenden Maßen:
- Zweimal 60 x 130 mm (Bodenstützen)
- Einmal 60 x 130 mm (Trennwand)
- Einmal 266 x 128 mm (Deckelinnenseite)

1 m viertelrunde Zierleiste, circa 10 x 15 mm (Bodenumrandung)

Materialien für die Schublade

12,5 mm starkes Weichholz m. folg. Maßen:
- Zweimal 50 x 180 mm (Rückseite und inneres Vorderteil)
- Zweimal 50 x 130 mm (Seitenteile)
- Einmal 60 x 215 mm (Frontblende)

5 mm starkes Sperrholz, circa 180 x 105 mm, für den Boden (passend zugesägt)

Kleiner Knauf (mit Schraube)

Werkzeug und Hilfsmittel

Bleistift und Lineal
Schraubzwingen
Stich- oder Bügelsäge und Rückensäge
Holzleim
Stiftnägel
Hammer
Mittelfeines und feines Sandpapier
Hobel
Reibahle
Schraubenzieher
Gehrungslade

1 Zeichnen Sie auf dem Vorderteil des Kästchens mit Bleistift und Lineal die Position der Schublade ein. Die Öffnung mißt 205 x 50 mm, ca 20 mm über dem Boden in der Mitte. Klemmen Sie das Brett mit Schraubzwingen an einer Werkbank fest und sägen Sie den Schlitz mit einer Stich- oder Bügelsäge aus.

2 Fügen Sie das Kästchen mit Holzleim zusammen, wobei Sie die Seitenteile gegen die Rückwand drücken und von der Rückseite mit Stiftnägeln sichern. Gleiches mit dem Vorderteil.

3 Sägen Sie den Boden des Kästchens so zu, daß er in die Seitenteile paßt. Tragen Sie auf die seitlichen Kanten des Bodens Holzleim auf, fügen Sie ihn so in das Kästchen ein, daß er mit dem unteren Ende abschließt. Fixieren Sie ihn von außen mit Stiftnägeln.

4 Tragen Sie auf alle Kanten und je eine Seitenfläche der Bodenstützen Holzleim auf. Fügen Sie diese dann so gegen die Seitenwände in das Kästchen ein, daß sie auf dem Boden anliegen. Klemmen Sie sie mit Schraubzwingen fest bis der Leim gebunden hat. Sägen Sie den Boden des oberen Faches so zu, daß er genau in das Kästchen paßt. Tragen Sie auf der Unterseite des Bodens für das obere Fach dort Leim auf, wo er auf die Bodenstützen zu liegen kommt. Fügen Sie den Boden so ein, daß er auf den Stützen aufliegt.

5 Um die Trennwand in die richtige Position zu bringen, markieren Sie die Mitte der Vorder- und Rückseite. Tragen Sie auf die untere sowie die seitlichen Kanten der Trennwand Leim auf und kleben Sie sie an den mittigen Markierungen in das Kästchen. Die Trennwand reicht nicht ganz an den oberen Rand des Kästchens heran, um Platz für das Innenteil des Deckels zu lassen.

6 Für den Deckel nehmen Sie die beiden Holzteile und legen das kleinere zentriert auf das größere. Leimen Sie beide Teile zusammen und verwenden Schraubzwingen zum Fixieren bis der Leim fest wird.

7 Glätten Sie rauhe Kanten des Deckeloberteils mit mittelfeinem oder feinem Sandpapier und runden Sie die Ecken leicht ab. Legen Sie dann den Deckel auf das Kästchen, um zu prüfen, ob er sich mühelos anheben läßt. Falls nötig, glätten Sie die Ränder des Deckelinnenteils mit Sandpapier.

8 Leimen Sie die Vorder- und Rückseite auf die Seitenteile, und fixieren sie mit Stiftnägeln. Stellen Sie den Rahmen der Schublade auf das Sperrholz, ziehen Sie eine Markierung am inneren Rand entlang, und sägen Sie dann den Boden aus. Tragen Sie Holzleim auf den Rand des Bodens auf und passen Sie ihn in die Schublade ein. Sichern Sie ihn von außen mit Stiftnägeln.

9 Schrägen Sie die Kanten der Frontblende mit Hobel und Sandpapier ab. Leimen Sie die Blende mittig auf die Vorderseite der Schublade – an allen Seiten sollten noch 5 mm Platz sein. Bohren Sie mit der Reibahle ein Loch für den Knauf vor und schrauben Sie den Knauf fest.

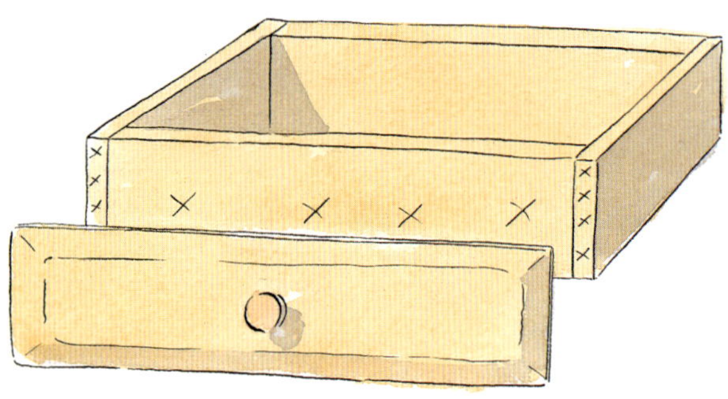

10 Sägen Sie mit Gehrungslade und Rückensäge die viertelrunde Zierleiste in vier für den Boden des Kästchens passende Stücke und schneiden Sie die Enden im 45°-Winkel ab. Tragen Sie Leim auf und fügen Sie dann die Zierleistenabschnitte um die Seiten des Kästchens herum so zusammen, daß sie genau an den unteren Rändern anliegen. Nageln Sie sie dann fest.

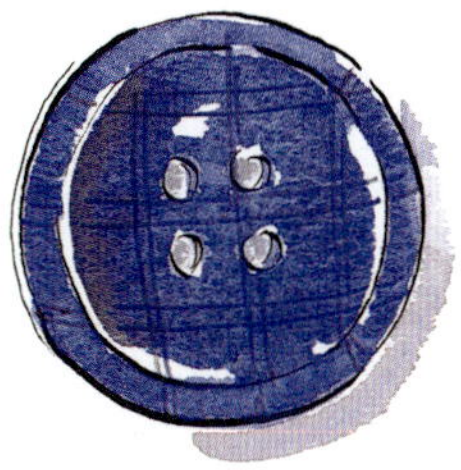

FARBPALETTE UND MALUTENSILIEN

Weiße Acrylgrundierung
Künstleracrylfarben in folgenden Tönen:
Indischrot
Ultramarin
Wasserlöslicher Mattlack
Flacher weißer Behälter zum Anmischen
Schriftpinsel Größe 6
Winkeldreieck
Pappstreifen, 15 mm breit
Lasurpinsel

FARBTONPROBE

Blau

1 Teil Indischrot
5 Teile Ultramarin
6 Teile wasserlöslicher Lack

BEMALEN SCHRITT FÜR SCHRITT

1 Streichen Sie das Kästchen innen und außen mit weißer Acrylgrundierung und lassen es trocknen.

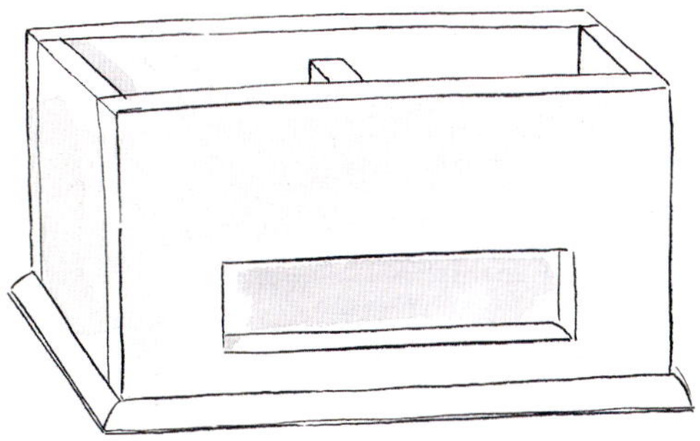

2 Schleifen Sie mit mittelfeinem Sandpapier die Oberfläche ab bis nur noch dort weiße Farbe ist, wo sie in die Holzfaserung eingedrungen ist.

3 Rühren Sie die blaue Farbe nach der Anleitung an. Wenn die Mischung zu dickflüssig wird, geben Sie etwas Wasser hinzu.

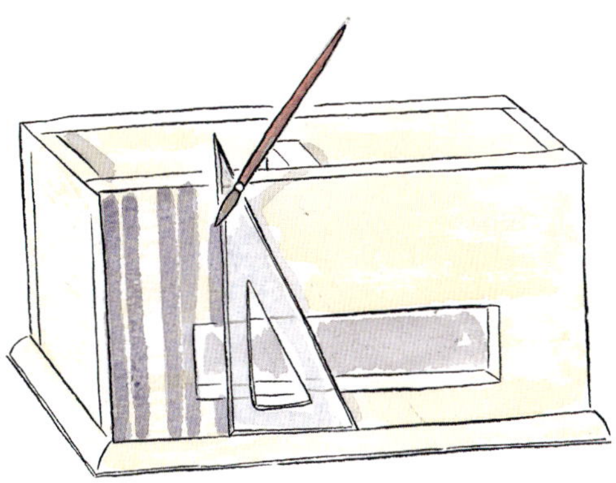

4 Das Muster aus blauen Streifen wird mit einem Schriftpinsel Größe 6 aufgemalt. Malen Sie zwei ungefähr 3 mm voneinander entfernte vertikale Streifen auf. Benutzen Sie ein Winkeldreieck. Malen Sie mit Hilfe des Pappstreifens ein zweites Streifenpaar in 15 mm Entfernung vom ersten auf. Wiederholen Sie dies um alle vier Seiten herum.

5 Lassen Sie die vertikalen Streifen trocknen, und malen dann die horizontalen. Gerade Linien sind leichter zu ziehen, wenn Sie von oben nach unten malen. Stellen Sie das Kästchen also auf die Seite, stützen Sie das obere Ende ab, und malen Sie das gleiche Muster über die ganze Breite des Kästchens.

6 Bemalen Sie dann den kleinen Knauf mit der blauen Farbe. Wenn nötig, rauhen Sie das Holz erst mit Sandpapier auf, damit die Oberfläche Farbe annimmt. Wenn die Farbe getrocknet ist, überziehen Sie das Kästchen mit wasserlöslichem Mattlack.

BRIEFABLAGE

Diese Briefablage ist ideal für Ihre Korrespondenz. Die Ablage hat getrennte Fächer für eingehende und ausgehende Post. Sie wird aus mitteldichten Holzfaserplatten gefertigt, der Boden mit Zierleisten dekoriert.

SIE BRAUCHEN

MATERIALIEN

Ausreichende Menge 6 mm starke mitteldichte Holzfaserplatten, um folgende Teile zuzuschneiden:
- einmal 73 x 230 mm (Vorderseite)
- einmal 155 x 230 mm (Rückseite)
- einmal 110 x 218 mm (Trennwand)
- zweimal 115 x 70 mm (Seitenwände)
- einmal circa 230 x 82 mm für den Boden (passend zugeschnitten)

550 mm Dreikant- oder Dekorleiste, circa 15 mm stark, für die Umrandung dreier Bodenseiten

WERKZEUG/HILFSMITTEL

Pauspapier
Bleistift
Bügelschraubzwingen
Stichsäge
Mittelfeines und feines Sandpapier
Holzleim
Stiftnägel
Hammer
Rückensäge
Gehrungslade

1 Pausen Sie die Vorlagen auf Seite 29 auf die Holzfaserplatte, die Sie mit Schraubzwingen auf die Werkbank klemmen. Sägen Sie die Formen mit einer Stichsäge aus. Schleifen Sie rauhe Kanten ab.

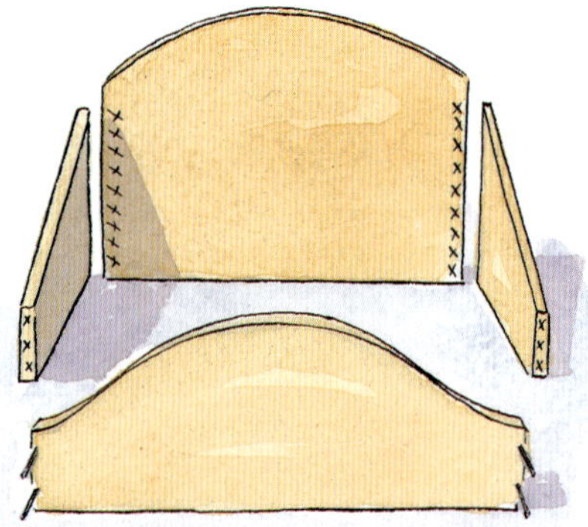

2 Tragen Sie Holzleim auf und drücken Sie die Seitenteile gegen Rück- und Vorderseite. Fixieren Sie diese Verbindungen mit Schraubzwingen bis der Leim bindet, und sichern Sie sie dann mit Stiftnägeln.

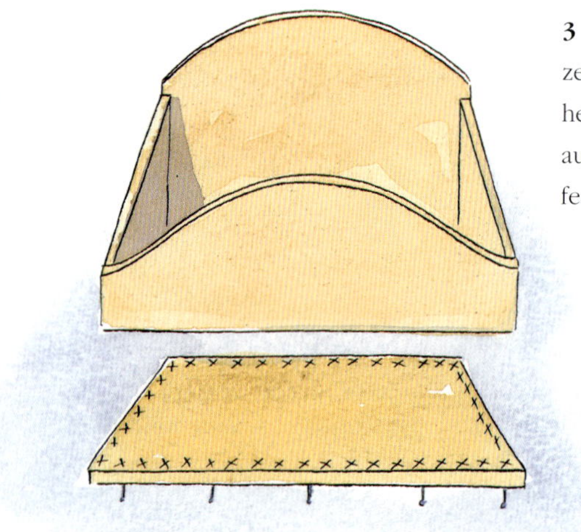

3 Stellen Sie die Ablage auf die Holzfaserplatte und zeichnen Sie die Ausmaße um die Außenseite der Ablage herum auf. Sägen Sie den Boden aus, tragen Sie Holzleim auf die unteren Kanten der Ablage auf. Klemmen Sie sie fest. Schlagen Sie von der Unterseite her Stiftnägel ein.

4 Zeichnen Sie die Position der Trennwand ein. Tragen Sie auf die untere sowie die seitlichen Kanten Leim auf und passen Sie sie ein (siehe unten).

5 Schneiden Sie die Leisten so zu, daß sie rund um die Vorder- und die Seitenteile des Bodens passen. Schneiden Sie die Enden mit Hilfe einer Gehrungslade im 45°-Winkel zu.

6 Leimen Sie die Leisten fest. Stellen Sie die Ablage dazu auf eine ebene Fläche, damit der Boden bündig wird. Klemmen Sie sie dann fest bis der Leim gebunden hat.

To:
OKAYAMA KOKUSAI
45c
AUSTRALIA

Farbpalette und Malutensilien

Weiße Acrylgrundierung
Künstleracrylfarben in folgenden Tönen:
- Schokoladenbraun
- Venezianischrot
- Ultramarin
- Schwarz
- Weiß
- Grau

Wasserlöslicher Seidenglanzlack
Flacher weißer Behälter zum Anmischen
Breiter Pinsel mit langem Stiel
Pappschachtel als Spritzschutz
Pinsel mit steifen Borsten
Lasurpinsel

Farbtonprobe

Schokoladenbraun

Venezianischrot

Blauschwarz (nach Wunsch)
3 Teile Ultramarin
1 Teil Schwarz

Rosa
3 Teile Venezianischrot
1 Teil Weiß

Grau
3 Teile Grau
1 Teil Ultramarin

Bemalen Schritt für Schritt

1 Überziehen Sie die ganze Ablage mit weißer Acrylgrundierung. Verwenden Sie dazu einen breiten Pinsel mit langem Stiel. Trocknen lassen.

2 Tragen Sie die schokoladenbraune Grundfarbe auf und lassen Sie sie trocknen.

3 Basteln Sie sich einen einfachen Spritzschutz aus einer großen Pappschachtel.

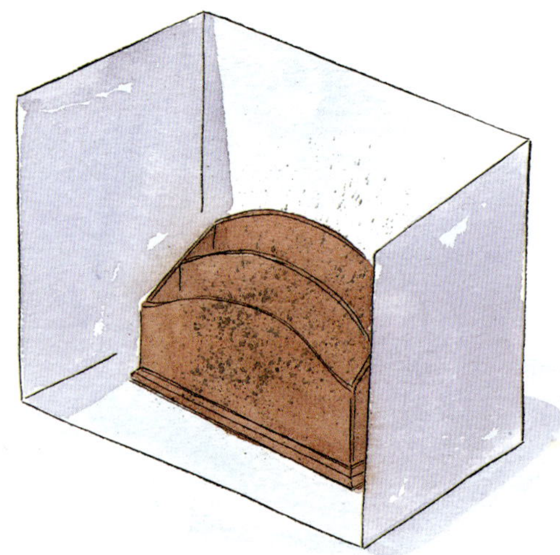

4 Üben Sie die Spritztechnik auf einem Stück Papier: Nehmen Sie mit dem steifen Lackierpinsel Farbe auf und streichen Sie dann mit den Fingern über die Pinselspitze, um Farbpunkte auf die Oberfläche zu spritzen. Versuchen Sie, die Punkte nicht zu groß werden zu lassen, da sonst die Farbe verläuft und den Effekt ruiniert. Spritzen Sie zunächst mit Venezianischrot, dann mit Blauschwarz, dann mit Rosa und schließlich mit Grau. Lassen Sie alles trocknen.

5 Wenn Sie mit dem erzielten Effekt zufrieden sind, tragen Sie zwei Schichten wasserlöslichen Seidenglanzlack nach Anleitung des Herstellers auf.

VORLAGEN

Schneiden Sie die Formen folgendermaßen aus:

1 x Vorderseite
1 x Trennwand
1 x Rückseite
2 x Seitenteil

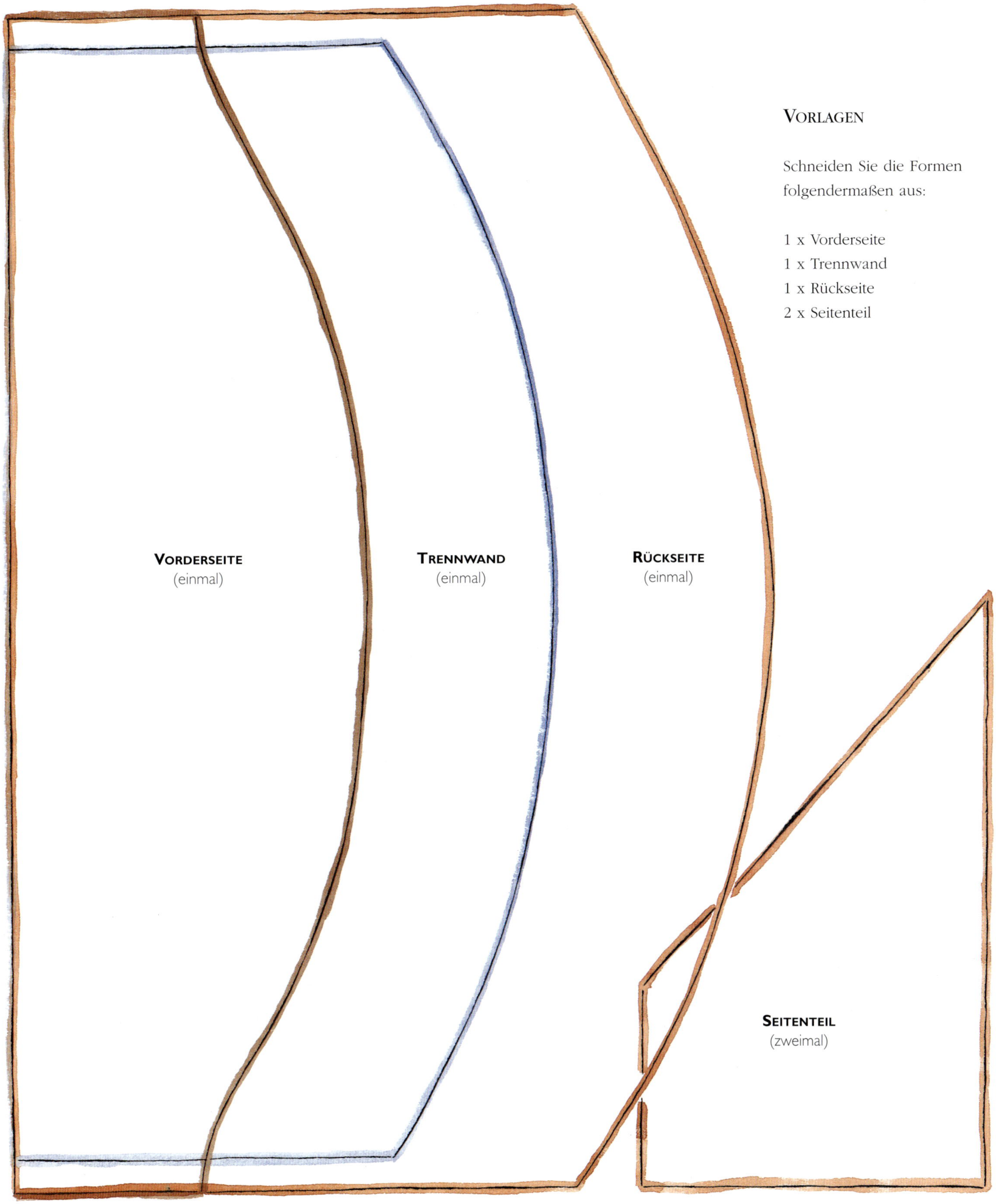

Garten-Tragekiste

Das Dekor dieser Tragekiste ist von altem emailliertem Metallgeschirr im holländischen Stil aus Pennsylvania inspiriert. Das Muster schwelgt in freien Pinselstrichen; die Umrißlinien und Akzente werden später hinzugefügt, um das Dekor zusammenzuhalten.

SIE BRAUCHEN

Materialien

Ausreichende Menge 16 mm starkes Weichholz, um folgende Stücke zuzusägen:
- zweimal 100 x 394 mm für die Seitenteile
- zweimal 100 x 260 mm für Vorder- und Rückseite
- einmal 115 x 362 mm für die Trennwand

12,5 x 12,5 mm Weichholz, je zweimal 260 mm und 337 mm lang, für die Stützleisten

6 mm starkes Sperrholz, 362 x 260 mm, für den Boden

Werkzeug/Hilfsmittel

- Holzleim
- Stiftnägel
- Hammer
- Pauspapier
- Bleistift
- Bügelschraubzwingen
- Stichsäge
- Bohrer
- Lineal
- Mittelfeines und feines Sandpapier

1 Kleben Sie die vier Seitenteile mit Holzleim mit den kürzesten Kanten gegen die längsten Flächen.

2 Die 12,5 x 12,5 mm starken Weichholzleisten passen genau in die zusammengebauten Seitenteile, bündig mit deren unterem Rand. Die langen Stücke werden zwischen die kurzen Stücke gesetzt. Leimen Sie die Leisten fest und verstärken Sie sie mit Stiftnägeln, die Sie von innen her einschlagen.

3 Tragen Sie auf die Oberseite des Stützrahmens auf den 12,5 x 12,5 mm starken Leisten Holzleim auf. Setzen Sie den Sperrholzboden in die Trage auf den Rahmen. Lassen Sie alles trocknen.

4 Pausen Sie die Schablone für die Trennwand von den Seiten 32 und 33 ab. Übertragen Sie die Form auf das restliche Weichholz. Klemmen Sie das Holz auf Tischplatte oder Werkbank fest und sägen Sie den gebogenen oberen Rand und das Griffloch mit einer Stichsäge aus.

5 Markieren Sie die Position der Trennwand auf den kürzeren Seitenteilen. Tragen Sie Leim auf und schieben Sie die Trennwand hinein. Schlagen Sie von außen Stiftnägel ein, um der Trennwand festen Halt zu geben.

6 Glätten Sie die Kanten mit mittelfeinem und feinem Sandpapier, bevor Sie die Kiste bemalen und lackieren.

Farbpalette und Malutensilien

Weiße Acrylgrundierung
Künstleracrylfarben in folgenden Tönen:
- Weiß
- Kobaltblau
- Umbra
- Saftgrün
- Ultramarin
- Kadmiumgelb hell
- Zinnoberrot
- Kadmiumrot

Wasserlöslicher Seidenglanzack
Terpentin
Flacher weißer Behälter zum Anmischen
Breiter Lackierpinsel
Künstlerpinsel Größe 8
Schriftpinsel Größe 5

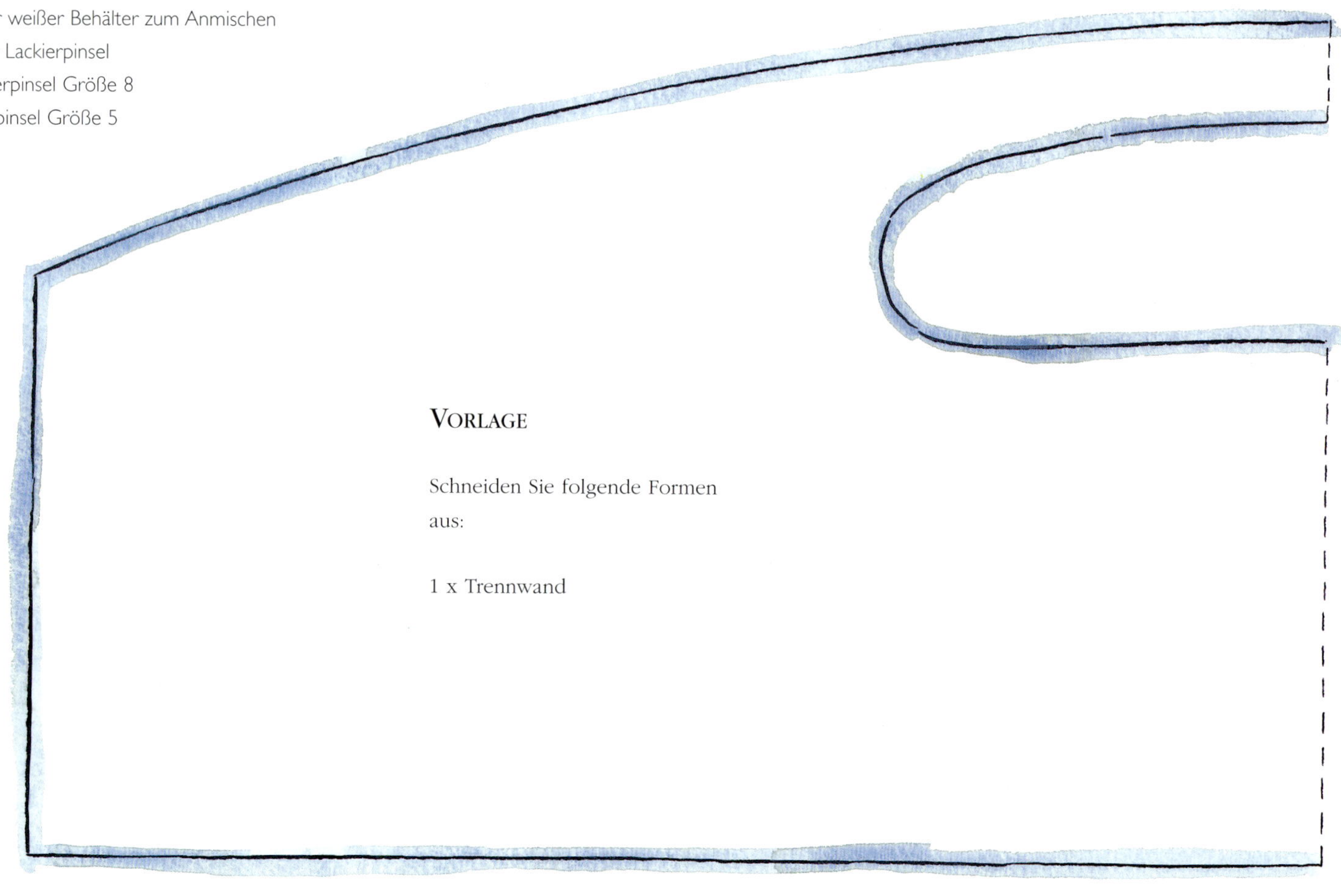

Vorlage

Schneiden Sie folgende Formen aus:

1 x Trennwand

SCHRITT FÜR SCHRITT BEMALEN

1 Überziehen Sie die Kiste innen und außen mit weißer Acrylgrundierung. Lassen Sie sie trocknen.

2 Tragen Sie die graue Grundfarbe auf die ganze Tragekiste auf. Trocknen lassen.

3 Pausen Sie die Motive auf der gegenüberliegenden Seite ab, und übertragen Sie sie mit einem Bleistift auf die Seitenteile der Trage.

4 Bemalen Sie mit einem Künstlerpinsel Größe 8 die Blätter grün. Trocknen lassen.

5 Malen Sie die übrigen Formen gelb an, und lassen Sie sie trocknen.

6 Übermalen Sie einige gelbe Farbflächen mit roter Farbe und lassen Sie sie trocknen.

7 Ziehen Sie mit einem Schriftpinsel Größe 5 die Umrisse aller Formen mit Blauschwarz nach. Fügen Sie die Details hinzu.

8 Bemalen Sie dann die Innenseite mit der selben blauschwarzen Farbmischung. Tupfen Sie die Farbe naß auf, um ein Muster zu erhalten. Lassen Sie die Farbe über Nacht trocknen.

9 Bearbeiten Sie alles mit feinem Sandpapier, tragen Sie eine Lackschicht auf, und benutzen nochmals das Sandpapier. Tragen Sie eine abschließende Lackschicht auf.

FARBTONPROBE

Alle untenstehenden Farbmischungen werden mit 2 Teilen Lack auf einen Teil Wasser verdünnt.

Grau
2 Teile Weiß
1 Teil Kobaltblau
1 Teil Umbra natur

Grün
3 Teile Saftgrün
2 Teile Weiß
1 Teil Ultramarin
Spritzer Umbra natur

Gelb
2 Teile Kadmiumgelb hell
1 Teil weiß

Rot
1 Teil Zinnoberrot
1 Teil Kadmiumrot

Blauschwarz
1 Teil Ultramarin
1 Teil Umbra natur

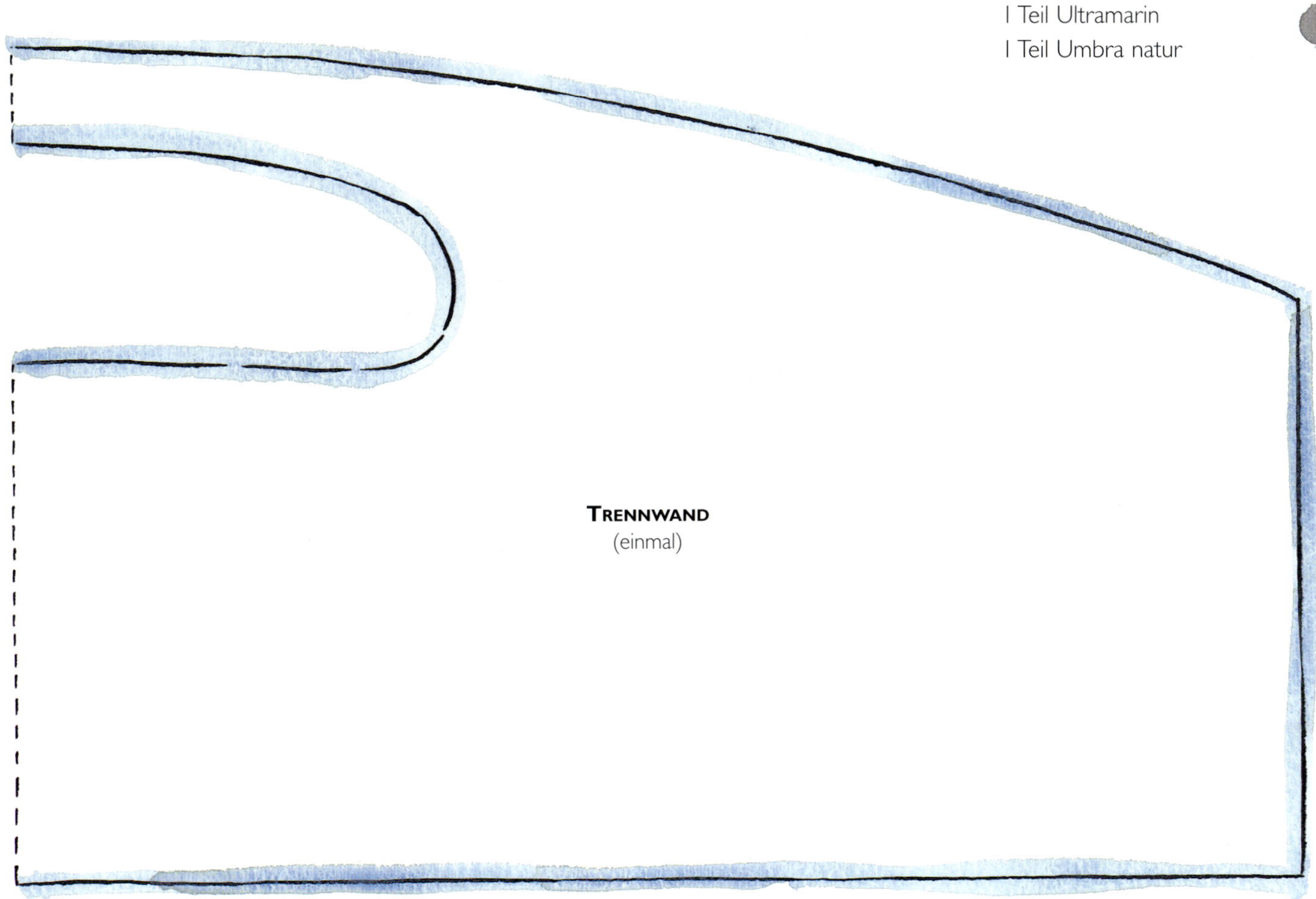

Buchkästchen

Ein Buchkästchen ist praktisch zum Sammeln von Briefen und Postkarten, kann aber ebensogut zur Aufbewahrung von Schreibzeug oder sogar Schmuck dienen. Es wirkt schön auf dem Schreibtisch, kann aber auch in ein Bücherregal gestellt werden.

SIE BRAUCHEN

MATERIALIEN

12,5 mm starkes Weichholz, auf folgende Maße zugesägt:
zweimal 275 x 145 mm, für Deckel und Boden (Buchdeckel)
einmal 275 x 60 mm, für die Rückseite (Buchrücken)
Ausreichende Menge 16 mm starkes Weichholz, um folgende Teile auszusägen und mit einer Gehrung zu versehen (s. Schritt 3):
zweimal 60 x 123 mm, für die kurzen Enden (den oberen und unteren Rand der Buchseiten)
einmal 60 x 256 mm, für das Vorderteil (den äußeren Rand der Buchseiten)

WERKZEUG/HILFSMITTEL

Bleistift
Lineal
Bügelschraubzwingen
Stichsäge
Mittelgrobe halbrunde Feile
Mittelfeines und feines Sandpapier
2 Scharniere (mit Schrauben)
Hobbymesser
Rückensäge
Beitel
Holzhammer
Reibahle
Schraubenzieher
Holzleim
Gehrungslade

FARBPALETTE UND MALUTENSILIEN

Seidenmatte Vinylemulsion Beige
Künstlerölfarbe Alizarin-Karmesin
Holzbeize Eiche dunkel
Cremegetönte Emulsionsfarbe
Polyurethan-Mattlack
Klebeband zum Abkleben
25 mm breiter Lackierpinsel
Tuch
Lasurpinsel

1 Zeichnen Sie auf dem Oberteil den Deckel ein und ziehen in 25 mm Abstand von einer Längskante eine Linie und zwei 35 mm von den kurzen Enden entfernte Linien. Befestigen Sie das Holz mit Schraubzwingen auf Tischplatte oder Werkbank. Sägen Sie die Form mit einer Stichsäge aus. Runden Sie die Kanten mit Feile und Sandpapier ab.

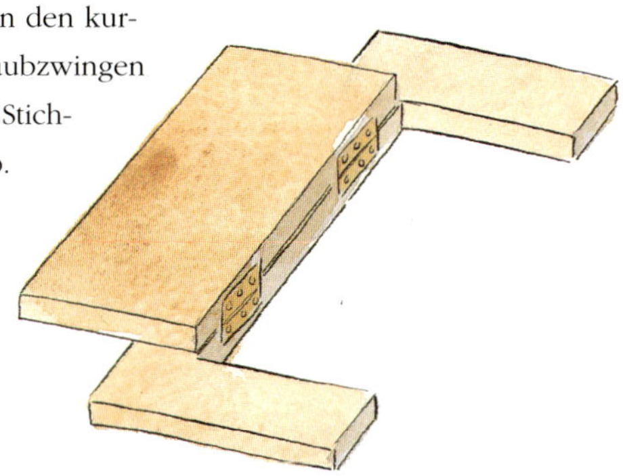

2 Positionieren Sie die Scharniere wie dargestellt und ritzen Sie das Holz um sie herum mit einem Messer ein. Stemmen Sie eine Vertiefung für die Scharniere aus. Heben Sie ein Loch von der Tiefe der Scharniere aus. Bohren Sie Löcher für die Schrauben und befestigen Sie die Scharniere.

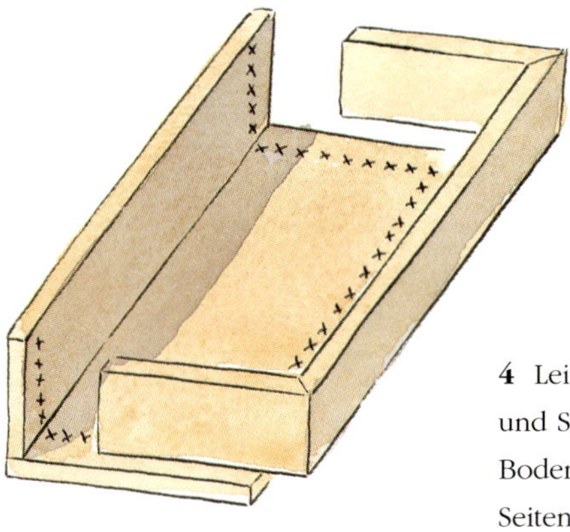

3 Setzen Sie die Rückseite mit der Kante auf das Bodenteil. Leimen Sie sie fest. Trennen Sie mit Gehrungslade und Rückensäge beide Enden des Vorderteils und je ein Ende der Seitenteile in einem 45°-Winkel ab. Leimen Sie die Enden zusammen.

4 Leimen Sie die Vorder- und Seitenteile so auf dem Boden fest, daß auf allen Seiten ein 9,5 mm breiter Rand verbleibt.

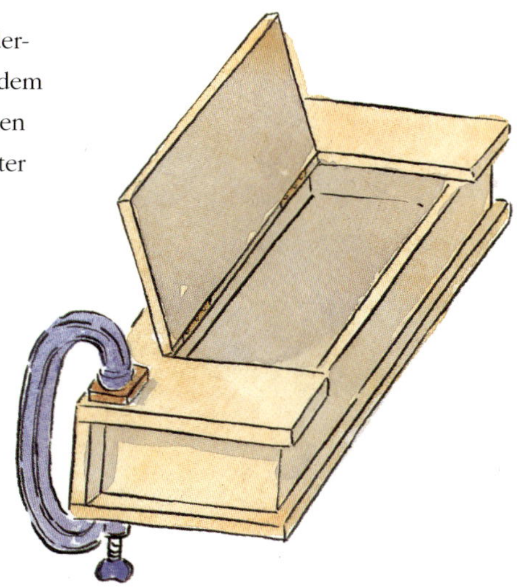

5 Tragen Sie Leim auf die oberen Kanten der Rückseite und der Seitenteile auf, legen Sie das Oberteil so darauf, daß es mit dem Unterteil bündig abschließt. Fixieren Sie alles mit Schraubzwingen bis der Leim gebunden hat. Runden Sie mit Feile und Sandpapier die Kanten ab.

BEMALEN SCHRITT FÜR SCHRITT

Vor dem Bemalen des Kästchens decken Sie den Bereich der „Buchseiten“ mit Klebeband ab.

1 Tragen Sie mit einem 25 mm breiten Lackierpinsel eine dicke Schicht seidenmatte Vinylemulsion Beige auf das Kästchen auf (innen und außen). Halten Sie den Pinsel flach und tupfen die Farbe auf die Oberfläche, um einen gemaserten Effekt zu erzielen. Über Nacht trocknen lassen.

2 Tupfen Sie eine dicke Schicht Künstlerölfarbe Alizarin-Karmesin auf. Trocknen lassen. Nehmen Sie dann mit einem Tuch einen Teil der Farbe von der Oberfläche. Über Nacht trocknen lassen.

3 Tragen Sie Holzbeize „Eiche dunkel“ auf.

4 Nach dem Trocknen entfernen Sie das Klebeband von den Buchseiten und tragen eine Schicht der cremegetönten Emulsionsfarbe auf. Lassen Sie diese trocknen und streichen die Holzbeize „Eiche dunkel“ auf. Streichen Sie so, daß ein streifiger Effekt entsteht, der die Seiten eines Buches nachahmt.

5 Lackieren Sie außen mit Polyurethan-Mattlack.

FARBTONPROBE

Alizarin-Karmesin

Kerzenkasten

Die Machart dieses Kastens ist die eines Salzkastens holländischer Siedler im Pennsylvania des 18. Jahrhunderts. Heute ist der Kasten wegen seiner Abmessungen eher zum Aufbewahren von Kerzen geeignet.

SIE BRAUCHEN

Materialien für den Kasten

Ausreichende Menge 16 mm starkes Weichholz, um folgende Teile zuzusägen:
- zweimal 200 x 130 mm für die Seitenwände
- einmal 260 x 345 mm für die Rückseite
- zweimal circa 345 x 114 mm für die Böden (passend zugesägt)
- einmal 50 x 345 mm für das unbewegliche Vorderteil
- einmal 345 x 115 mm für den Deckel

zwei Holzdübel, 5 x 30 mm, zum Einhängen des Deckels

Materialien für die Schublade

12,5 mm Weichholz, zugesägt wie folgt:
- zweimal 50 x 345 mm für Vorderteil und Rückwand
- zweimal 50 x 90 mm für die Seitenwände
- einmal 328 x 86 mm (Boden)

Werkzeug/Hilfsmittel

Pauspapier, Bleistift
Bügelschraubzwingen
Stich- oder Bügelsäge
Rückensäge
Mittelfeines und feines Sandpapier
Bohrer mit 20 mm breitem Fräsbohreinsatz und 5 mm breitem Spiralbohreinsatz
Holzleim, Stiftnägel
Hammer, Lineal
Hobel oder halbrunde Feile
Hobbymesser
Grundhobel / Beitel und Holzhammer
Reibahle, Schraubenzieher

1 Vergrößern Sie die Vorlagen auf Seite 39 mit einem Kopierer auf 150%. Pausen Sie die Formen ab und übertragen Sie sie auf die Holzteile. Sägen Sie die zwei Seitenwände und die Rückwand aus. Verwenden Sie für die geschwungenen Formen eine Stich- oder Bügelsäge, für die geraden eine Rückensäge.

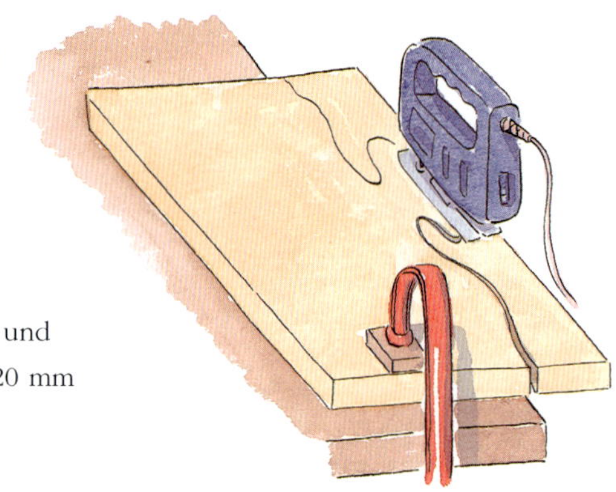

2 Glätten Sie alle rauhen Kanten mit mittelfeinem und feinem Sandpapier. Bohren sie danach mit einem 20 mm breiten Fräsbohrer das Zierloch in das hintere Teil.

3 Leimen Sie die Rückwand zwischen den Seitenwänden fest. Verstärken Sie mit Stiftnägeln. Sägen Sie die Böden zu. Leimen Sie den unteren Boden mit den Kanten an Rückwand und Seitenwände an und nageln ihn fest. Ziehen Sie 50 mm über dem Boden an Rückwand und Seitenteilen eine Linie. Leimen Sie hier den Boden fürs obere Fach parallel zum unteren Boden an. Sägen Sie das unbewegliche Vorderteil aus, leimen es senkrecht auf den oberen Boden und verstärken alles mit Stiftnägeln.

4 Schrägen Sie die Längskanten des Deckels mit Hobel oder Feile so ab, daß er im richtigen Winkel aufliegt. Markieren Sie die Positionen für die Dübelscharniere. Bohren Sie mit einem 5 mm breiten Spiralbohreinsatz Löcher durch die Seitenteile und ungefähr 15 mm tief in die Deckelkanten. Stecken Sie die Holzdübel hinein, schmirgeln Sie die herausragenden Enden der Dübel bis auf eine Linie mit den Seitenwänden ab. Runden Sie die Vorderkante des Deckels mit Sandpapier ab.

5 Schaffen Sie an beiden Seiten von Vorderteil und Rückwand innen eine 12,5 mm breite und 6 mm tiefe Nut. Kerben Sie in 12,5 mm Entfernung von den Seitenkanten eine Linie ein, die Sie dann 6 mm tief einsägen, bevor Sie mit dem Beitel Späne abheben. Heben Sie mit Grundhobel oder Beitel und Holzhammer jeweils in einer Entfernung von 5 mm von der Unterkante der Vorder- und Rückseite sowie der Seitenteile eine Nut von 10 mm Breite und 4 mm Tiefe aus.

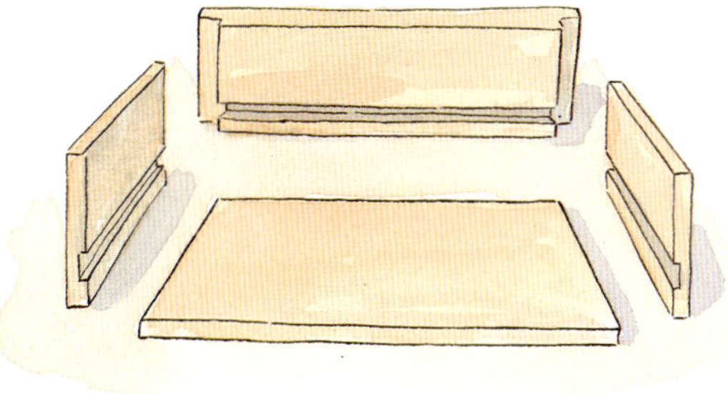

6 Leimen Sie die Seitenteile in die Nut an der Schubladenvorderseite. Verstärken Sie die Verbindung mit Stiftnägeln, die Sie durch die Seitenwände einschlagen.

7 Bestreichen Sie den Boden mit Leim, schieben Sie ihn ein. Schlagen Sie zur Verstärkung an den Seiten Stiftnägel ein.

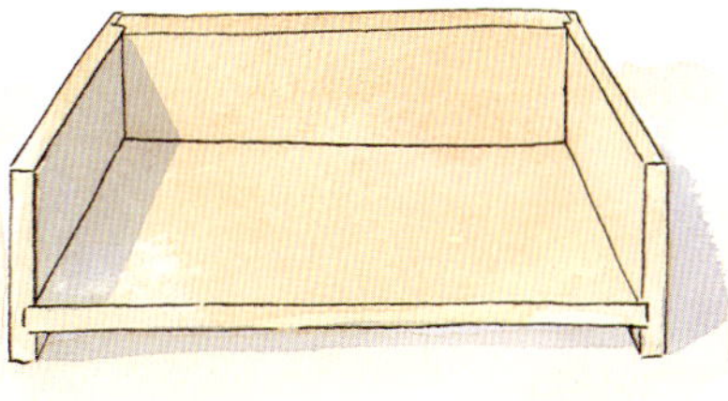

8 Leimen Sie die Rückwand an Boden und Seitenteile. Bohren Sie an der Vorderseite ein Loch. Schrauben sie den kleinen Knauf an.

Farbpalette und Malutensilien

Weiße Acrylgrundierung
Künstleracrylfarben in folgenden Tönen:
- Goldocker
- Kadmiumrot dunkel
- Venezianischrot
- Saftgrün
- Weiß
- Lichter Ocker
- Gebrannte Umbra
- Kadmiumgelb dunkel

Wasserlöslicher Mattlack
Flacher weißer Behälter z. Anmischen
Breiter Lackierpinsel
Je ein 12 mm und 6 mm breiter flacher Künstlerpinsel
Weiches Tuch
Sprühkleber
Schablonierkarton/Plastikfolie
Schablonierpinsel
Künstlerpinsel Größe 4
Lasurpinsel

Farbtonprobe

Goldocker

Rot
2 Teile Kadmiumrot dunkel
1 Teil Venezianischrot

Saftgrün

Mattweiß
2 Teile Weiß
1 Teil lichter Ocker
1 Teil gebrannte Umbra

Gelb
1 Teil lichter Ocker
1 Teil Kadmiumgelb dunkel

Bemalen Schritt für Schritt

1 Tragen Sie mit einem breiten Lackierpinsel auf das ganze Kistchen weiße Acrylgrundierung auf.

2 Überziehen Sie das ganze Kistchen mit einer Grundschicht in lichtem Ocker. Trocknen lassen.

3 Malen Sie mit einem 12 mm breiten flachen Künstlerpinsel die roten Bereiche auf.

4 Malen Sie mit einem 6 mm breiten flachen Künstlerpinsel die grünen Ränder auf und lassen Sie sie einige Minuten antrocknen, bevor Sie die Oberfläche mit einem leicht angefeuchteten Tuch abwischen, damit die gelbe Farbe durchschimmert.

5 Pausen Sie die Muster der Schablonen auf der gegenüberliegenden Seite von der vergrößerten Kopie ab. Besprühen Sie die Rückseiten der Schablonen leicht mit Klebstoff. Kleben Sie sie auf Schablonierkarton oder Plastikfolie. Schneiden Sie sie aus.

6 Malen Sie die Formen mit dem Schablonierpinsel mit naturweißer Farbe auf. Lassen Sie sie trocknen.

7 Malen Sie mit einem Künstlerpinsel Größe 4 die gelben Punkte auf die Motive. Lassen Sie die Farbe über Nacht trocknen bevor Sie lackieren.

8 Tragen Sie wasserlöslichen Mattlack auf.

VORLAGEN

Vergrößern Sie diese Schablonen mit einem Kopierer auf 150% und schneiden Sie folgende Formen aus:

1 x Rückwand
2 x Seitenteil

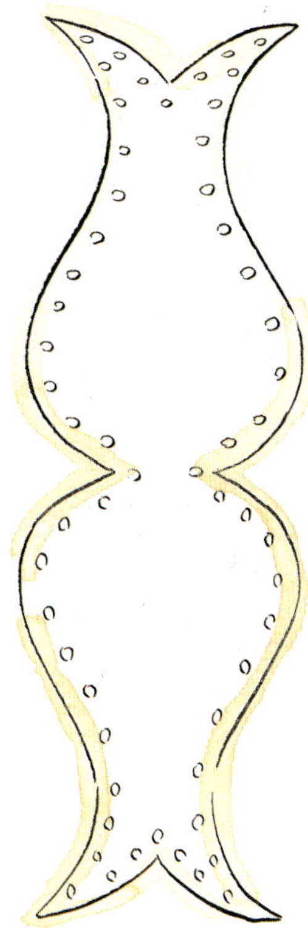

RÜCKWAND
(einmal)

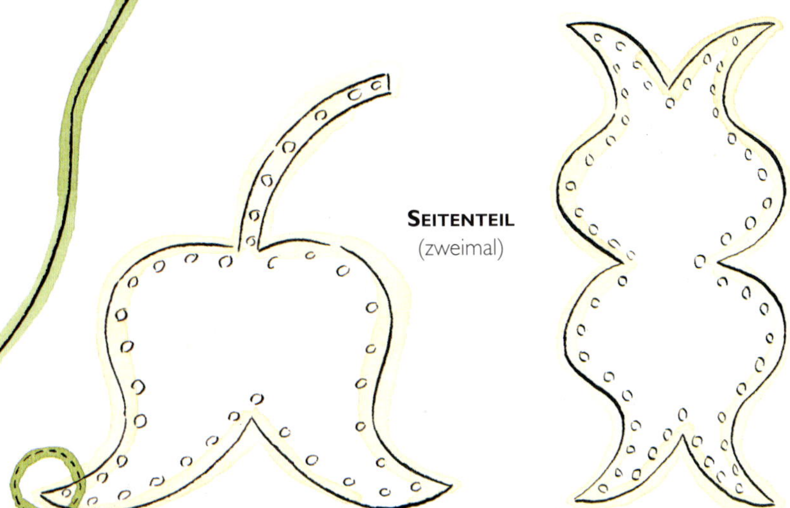

SEITENTEIL
(zweimal)

In der Küche

TELLERREGAL

In einem solchen Tellerregal nach traditionell schwedischer Bauart wurden früher die schönsten Teller ausgestellt. Mit Künstleracrylfarben entsteht ein marmoriertes Muster, das mit einer Schicht Antikwachs-Politur überzogen wird.

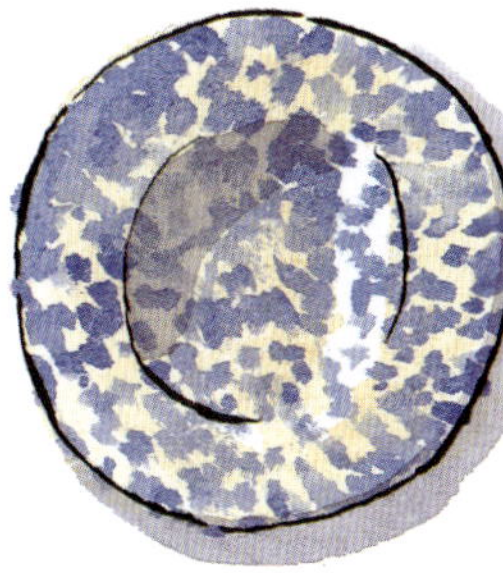

1 Vergrößern Sie mit einem Kopierer die Vorlage für die Seitenwände auf Seite 44–45 auf 200% und übertragen Sie dann die Konturen auf die beiden rechteckigen Seitenteile. Markieren Sie jeweils die Position der Zwischenböden an der Innenfläche. Befestigen Sie je eines der Holzstücke mit Schraubzwingen an einer Werkbank oder einem robusten Tisch. Sägen Sie die Form mit einer Bügel- oder Stichsäge aus und schleifen Sie die ausgesägte Wellenlinie ab.

2 Die Zwischenböden werden zwischen den Seitenwänden angebracht, so daß sie bündig mit der geraden Hinterkante abschließen. Befestigen Sie sie mit Holzleim und Stiftnägeln. Beginnen Sie mit dem breiteren untersten Bodenteil und lassen Sie es mit der Unterkante der Seitenwände abschließen. Richten Sie danach die drei Zwischenböden an den in Schritt 1 aufgezeichneten Markierungen aus und befestigen Sie die Böden.

3 Bringen Sie die Stützleisten mit Leim und Stiftnägeln an. Arbeiten sie dabei von der Vorderseite. Beginnen Sie mit der untersten Leiste. Passen Sie sie zwischen die beiden Seitenwände ein und lassen Sie sie bündig mit der Vorderkante des untersten Bodens abschließen, so daß eine Stufe entsteht. Die anderen vier Stützleisten werden an der Außenkante der geschwungenen Seitenwände angebracht. Befestigen Sie drei von ihnen an den breitesten Stellen der oberen drei Bogen und die letzte ganz oben auf dem Regal, unmittelbar hinter dem obersten Vorsprung. Die Position der Zwischenböden und Stützleisten kann an Teller beliebiger Größe angepaßt werden.

SIE BRAUCHEN

MATERIALIEN

Ausreichende Menge 19 x 150 mm starkes gebrauchtes Holz (z.B. Dielenholz) oder Weichholz, um folgende Teile zuzusägen:
- zweimal 855 mm für die Seitenwände
- einmal 600 für den untersten Boden

19 x 50 mm starkes, gebrauchtes Holz oder Weichholz, zugesägt wie folgt:
- dreimal 600 mm für die Zwischenböden

12,5 x 25 mm starkes Weichholz, zugesägt wie folgt:
- viermal 638 mm für die oberen Stützleisten
- einmal 600 mm für die unterste Stützleiste

WERKZEUG/HILFSMITTEL

Pauspapier
Bleistift
Bügelschraubzwingen
Bügelsäge oder Stichsäge
Mittelfeines und feines Sandpapier
Holzleim
Stiftnägel
Hammer
Anschlagwinkel oder Wasserwaage
Reibahle
4 Wandhalterungen (mit Schrauben)
Schraubenzieher

Farbpalette und Malutensilien

Weiße Acrylgrundierung
Künstleracrylfarbe in folgenden Tönen:
- Ultramarin
- Umbra natur
- Weiß
- Lichter Ocker
- Zinnoberrot

Wasser
Wasserlöslicher Mattlack
Antikwachs-Politur Eiche dunkel
Flacher weißer Behälter zum Anmischen
Breiter Künstlerpinsel
Schriftpinsel Größe 2
Feine Stahlwolle
Lasurpinsel
Weiches Tuch

Farbtonprobe

Blau
3 Teile Ultramarin
1 Teil Umbra natur
1 Teil Weiß

Dunkelblau
1 Teil Ultramarin
1 Teil Umbra natur

Rotbraun
3 Teile lichter Ocker
2 Teile Zinnoberrot

Schritt für Schritt bemalen

1 Überziehen Sie das ganze Regal mit weißer Acrylgrundierung und lassen Sie diese trocknen.

2 Streichen Sie das ganze Stück mit einem breiten Künstlerpinsel mit der ersten Farbmischung blau an.

3 Markieren Sie die Begrenzung des Randstreifens.

4 Malen Sie mit einem Schriftpinsel Größe 2 und der dunkelblauen Farbmischung diagonal verlaufende parallele Wellen auf das gesamte Regal. Wiederholen Sie das aus einem anderen Winkel, so daß ein Gittermuster entsteht. Verdünnen Sie die Farbe mit Wasser, falls nötig.

5 Pinseln Sie den rotbraunen Streifen am Rand auf und lassen Sie die Farbe über Nacht trocknen.

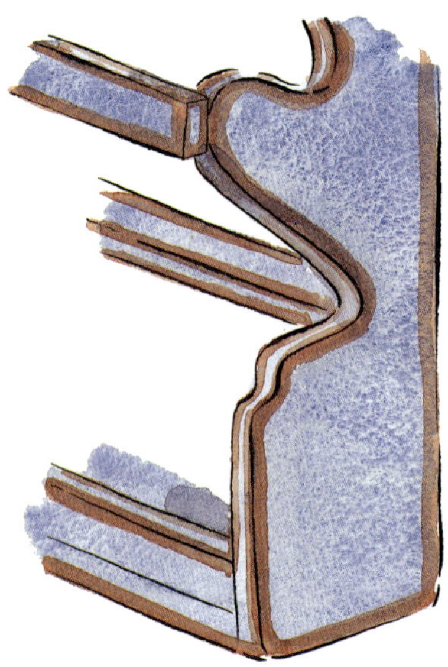

6 Schleifen Sie das Regal vollständig mit Sandpapier und feiner Stahlwolle ab.

7 Bringen Sie mit einem sauberen Lasurpinsel wasserlöslichen Mattlack auf.

8 Tragen Sie getönte Antikwachspolitur auf. Reiben Sie das Regal mit einem Tuch ab.

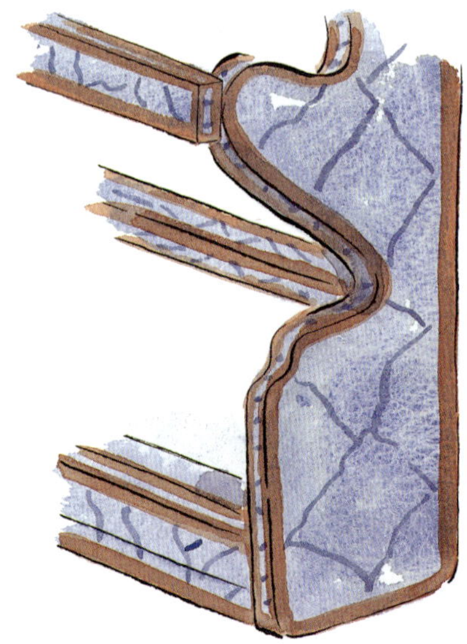

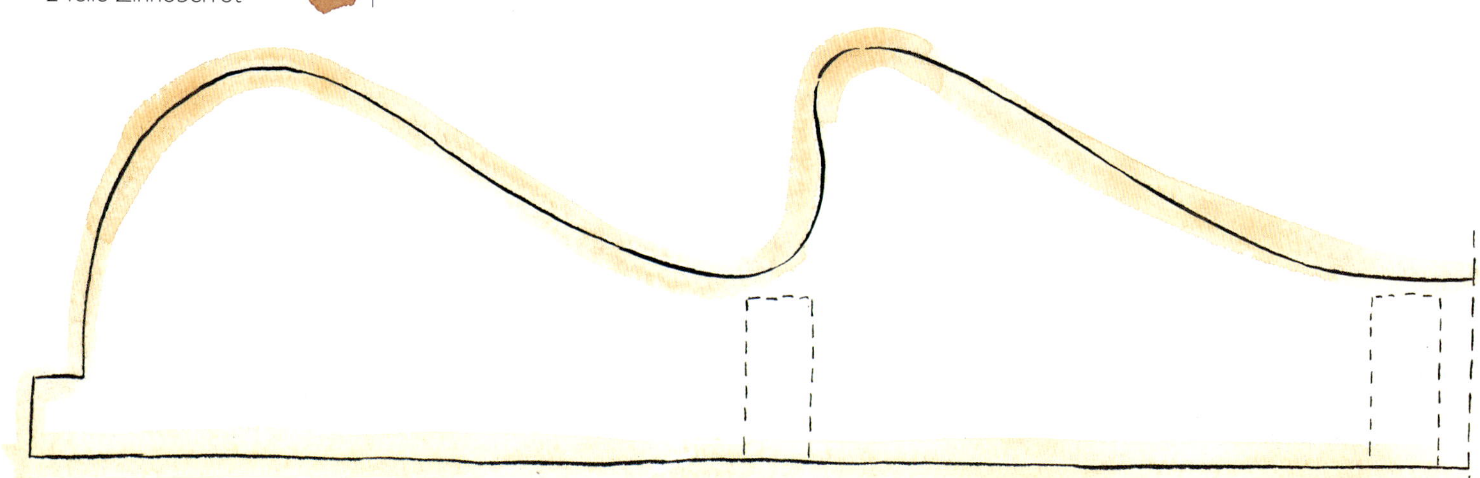

AUFHÄNGEN DES REGALS

1 Bohren sie mit einer Reibahle auf der Rückwand des Regals an allen Ecken Löcher vor für die Schrauben der Wandhalterung.

2 Stecken Sie die Schrauben in die vorgebohrten Löcher und schrauben Sie die Wandhalterungen auf die Rückwand des Regals auf.

3 Halten Sie das Regal an die Wand und markieren Sie die Stellen, an denen die Wandschrauben angebracht werden sollen. Drehen Sie die Schrauben in die Wand und lassen Sie ungefähr 10 mm hervorstehen. Hängen Sie das Tellerregal an die Wand und stellen die Teller auf die Einlegeböden.

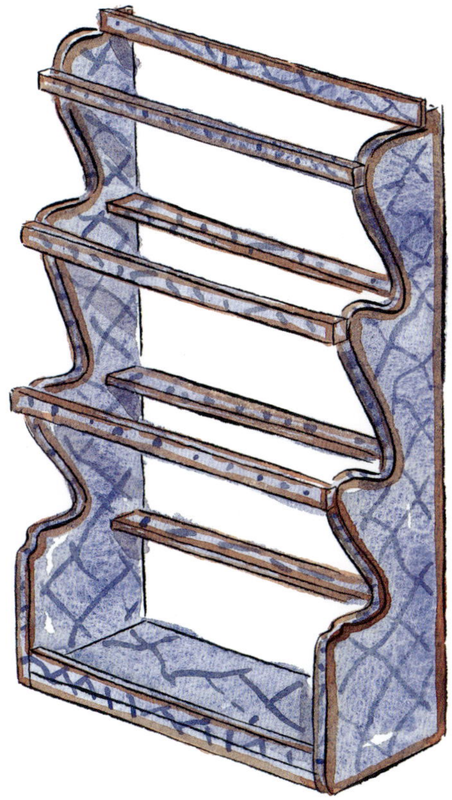

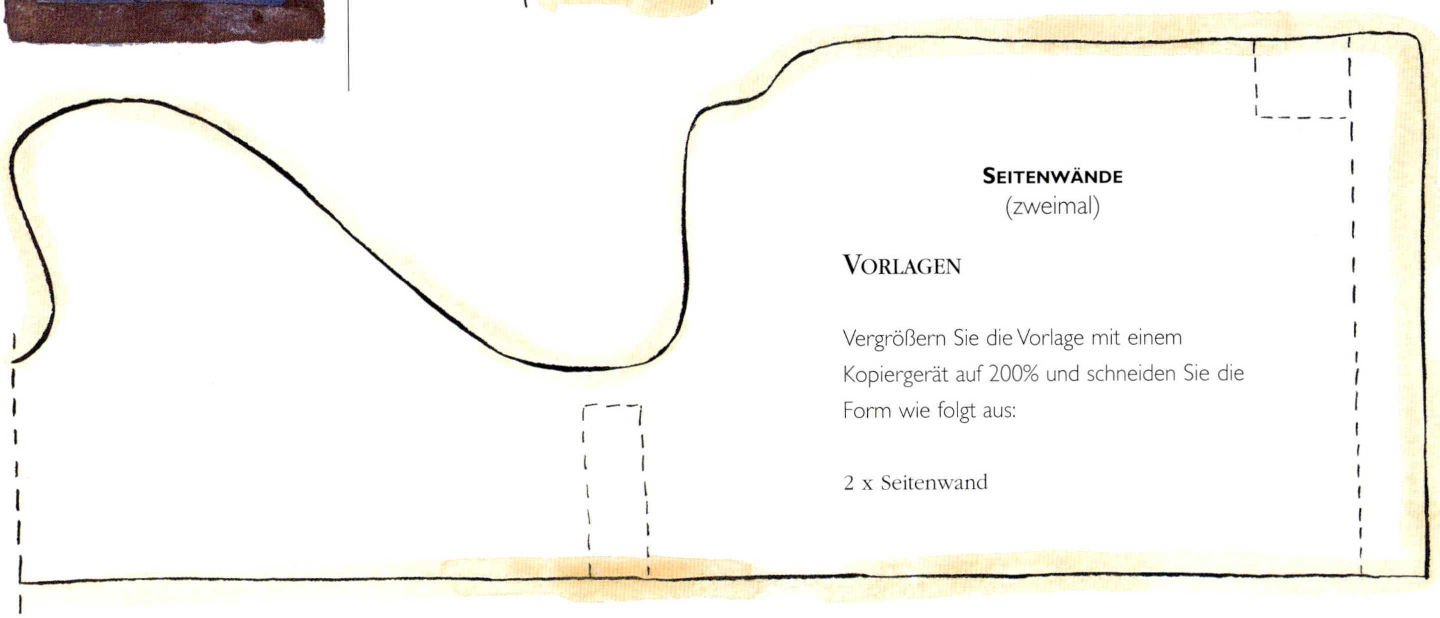

SEITENWÄNDE
(zweimal)

VORLAGEN

Vergrößern Sie die Vorlage mit einem Kopiergerät auf 200% und schneiden Sie die Form wie folgt aus:

2 x Seitenwand

GEWÜRZSCHRANK

Dieses Gewürzschränkchen kann man mit einfachen Werkzeugen herstellen. Die Griffe der Schubladen bestehen aus abgesägten Schachbauern. Das Giebeldreieck an der Oberseite nimmt die Vorderansicht des Sockels wieder auf.

SIE BRAUCHEN

MATERIALIEN FÜR DEN RAHMEN

Ausreichende Menge 10 mm starkes Weichholz, um folgende Teile auszusägen:
- einmal 50 x 195 mm (Sockel und Giebeldreieck)
- zweimal 295 x 75 mm (Seitenw.)
- zweimal circa 175 x 75 mm (unterster Boden und Einlegeboden) (passend zugesägt)
- dreimal 175 x 75 mm (vertikale und horizontale Trennwände)
- einmal 195 x 75 mm (Oberteil)
- einmal 305 x 195 mm (Rückwand)

10 x 10 mm starkes Weichholz, zugesägt wie folgt:
- einmal 215 mm und zweimal 85 mm (obere Leiste)

10 x 12,5 mm starkes Weichholz, zugesägt wie folgt:
- einmal 215 mm und zweimal 85 mm (untere Leiste)

MATERIALIEN FÜR DIE KLEINEN SCHUBLADEN

10 mm starkes Weichholz, zugesägt wie folgt:
- für die obere Reihe: viermal 61 x 82 mm (Vorder-/Rückseiten)
- viermal 61 x 60 mm (Seitenwände)
- für die mittlere Reihe: viermal 41 x 82 mm (Vorder-/Rückseiten)
- viermal 41 x 60 mm (Seitenwände)
- für die untere Reihe: viermal 51 x 82 mm (Vorder/Rückseiten)
- viermal 51 x 60 mm (Seitenwände)
- sechsmal circa 62 x 55 mm (Böden) (passend zugesägt)

6 kleine Griffe, z.B. Schachfiguren (mit Schrauben)

MATERIALIEN FÜR DIE GROSSE SCHUBLADE

10 mm starkes Weichholz, zugesägt wie folgt:
- zweimal 60 x 175 mm (Vorder-/Rückseite)
- zweimal 60 x 60 mm (Seitenwände)
- einmal circa 155 x 55 mm (Boden)

1 kleiner Griff, wie oben (mit Schraube)

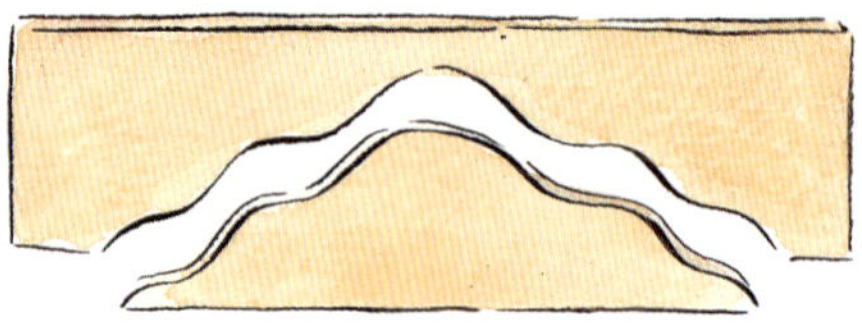

1 Übertragen Sie die Vorlagen auf Seite 49 auf das Weichholz. Sägen Sie die Formen aus. Verwenden Sie für die geschwungenen Linien eine Bügelsäge, für die geraden Linien eine Rückensäge. Bearbeiten Sie unebene Kanten mit Sandpapier.

2 Leimen Sie die Vorderkante der Seitenwände an die Rückseite des Sockels, richten die Unterkanten aneinander aus und befestigen sie mit einer Schraubzwinge.

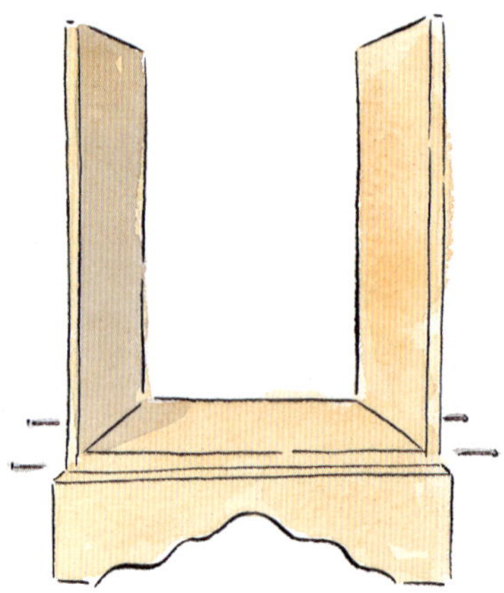

3 Passen Sie den Boden ein und positionieren Sie ihn so, daß er auf einer Höhe mit der Oberkante des Sockels liegt. Befestigen Sie den Boden mit Leim und Stiftnägeln.

4 Richten Sie die Unterkante des Einlegebodens an einer Linie 60 mm über dem Boden aus. Befestigen Sie ihn mit Leim und Stiftnägeln.

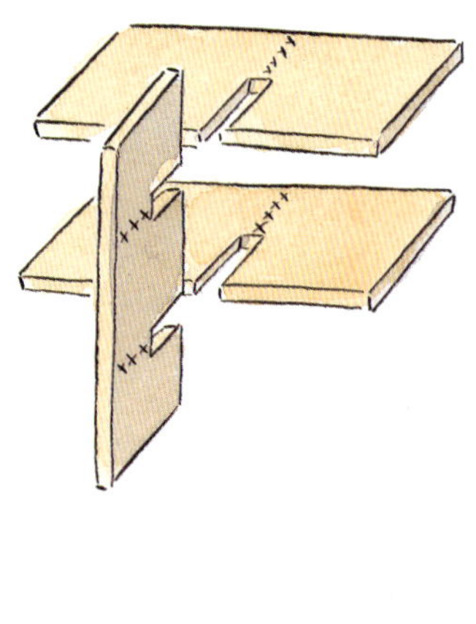

5 Als Rahmen für die Schubladen werden die waagrechten und senkrechten Trennwände ineinandergeschoben. Tropfen Sie etwas Leim auf die Stellen, an denen die Trennwände zusammengefügt werden sollen und schieben Sie die Teile ineinander. Bestreichen Sie alle Seitenkanten sowie die Unterkante mit Leim. Schieben Sie den Rahmen von vorne in das Gehäuse.

WERKZEUG/HILFSMITTEL

Pauspapier
Bleistift
Bügelschraubzwingen
Bügel- und Stichsäge
Mittelfeines und feines Sandpapier
Holzleim
Stiftnägel
Hammer
Lineal
Grundhobel
Reibahle
Schraubenzieher

FARBTONPROBE

Rotbraun

1 Teil Indischrot
3 Teile wasserlöslicher Lack

Goldgelb

1 Teil lichter Ocker
1 Teil gebrannte Umbra
3 Teile wasserlöslicher Lack

FARBPALETTE UND MALUTENSILIEN

Weiße Acrylgrundierung
Künstleracrylfarbe in folgenden Tönen:
- Indischrot
- Lichter Ocker
- Gebrannte Umbra

Wasserlöslicher Seidenglanzlack
Flacher weißer Behälter zum Anmischen
Flacher, 6 mm breiter Künstlerpinsel
Schriftpinsel Größe 5
Weicher Lasurpinsel

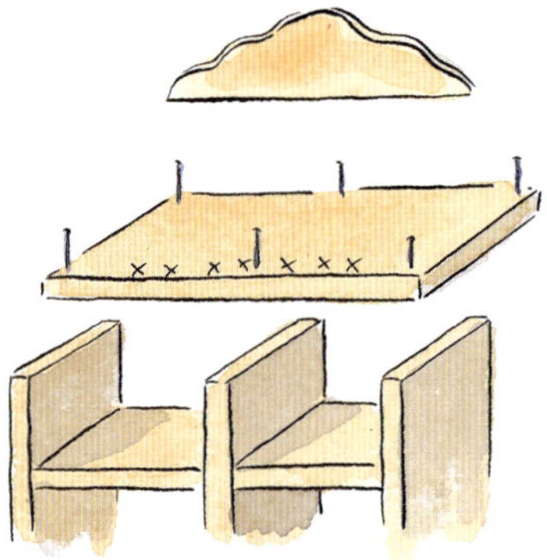

6 Befestigen Sie das Oberteil mit Stiftnägeln. Streichen Sie Leim auf die Unterseite des Giebeldreiecks und setzen dieses so auf, daß es mit der Vorderkante abschließt. Mit einer Schraubzwinge andrücken, bis der Leim trocken ist.

7 Legen Sie die Rückwand an den Hauptteil des Schränkchens an und befestigen Sie sie an den Kanten und entlang der senkrechten Trennwand mit Leim und Stiftnägeln.

8 Befestigen Sie die obere Leiste. Benutzen Sie die kürzeren Teile für die Seiten und das längere für die Front. Wiederholen Sie dies mit der unteren Leiste. Positionieren Sie die Oberkante der Teile auf einer Höhe mit dem untersten Boden und der Oberkante des Sockels.

9 Benutzen Sie zur Montage der Schubladen einen Grundhobel und heben auf beiden Seiten des Vorderteils der Schublade innen eine 10 mm breite, 5 mm tiefe von oben nach unten verlaufende Nut aus. Leimen Sie die Seitenwände in die Nut. Bestreichen Sie die Rückwand mit Leim und drücken Sie sie an die Seitenwände. Sägen Sie den Boden zu und befestigen Sie ihn mit Leim im Rahmen, so daß er bündig mit den Unterkanten abschließt. Schlagen Sie seitlich Stiftnägel ein.

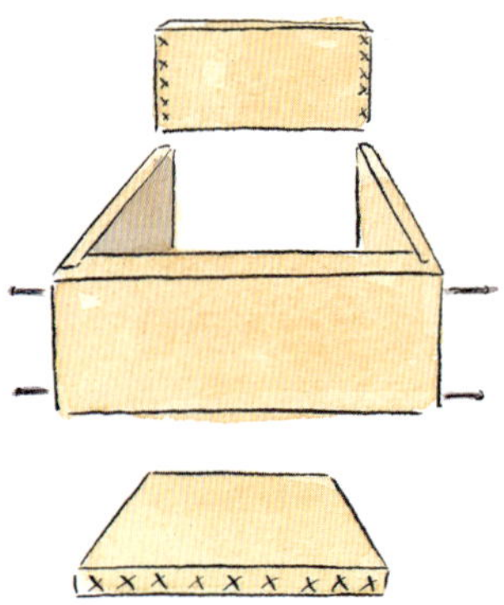

10 Machen Sie zuletzt mit einer Reibahle in die Mitte jeder Schublade ein Loch und schrauben Sie die Griffe auf.

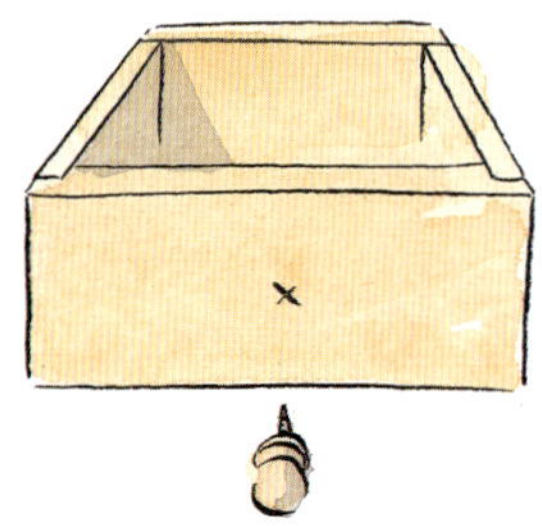

BEMALEN SCHRITT FÜR SCHRITT

1 Bedecken Sie die Schubladen mit weißer Acrylgrundierung und lassen Sie diese trocknen. Mit feinem Sandpapier abschleifen.

2 Tragen Sie die gelbe Farbe für die Schubladen jeweils auf die Vorderseite auf. Verwenden Sie verschiedene Pinselstriche, um Holzmaserung zu imitieren. Probieren Sie verschiedene Effekte aus, so daß Sie verschiedene Muster erhalten. Benutzen Sie den 6 mm breiten Pinsel für das Hauptmuster und den Schriftpinsel Größe 5 für Punkte und Details.

3 Rühren Sie die rotbraune Farbe an, indem Sie den Klarlack mit Indischrot einfärben. Bemalen Sie den Rahmen und lassen Sie ihn trocknen.

4 Geben Sie nochmals Indischrot hinzu. Malen Sie mit dem Schriftpinsel Größe 5 die Umrisse auf den Rahmen und bemalen die Griffe. Trocknen lassen.

5 Tragen sie mindestens eine Schicht Seidenglanzlack auf und lassen Sie diese dann vollständig trocknen.

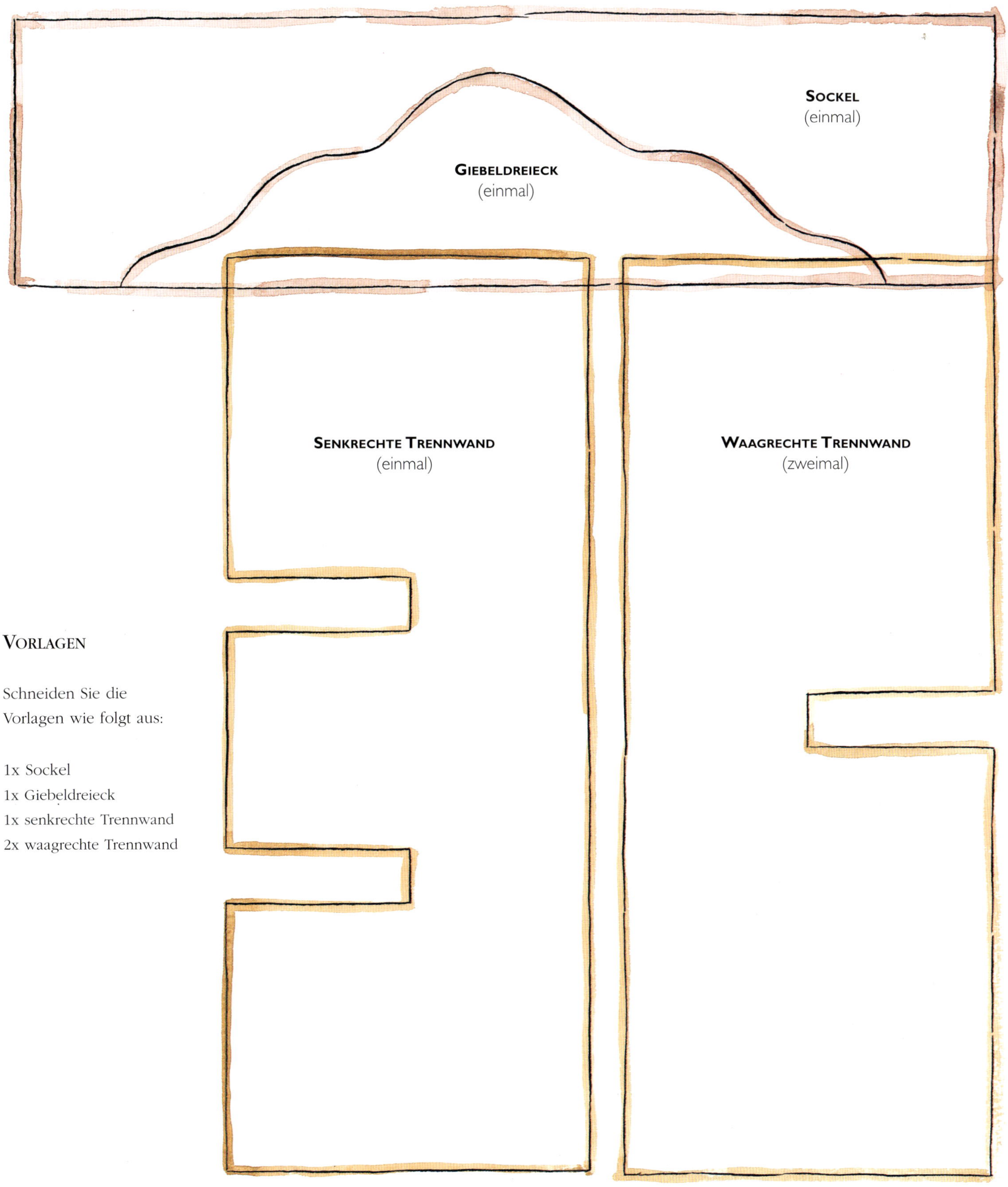

Vorlagen

Schneiden Sie die Vorlagen wie folgt aus:

1x Sockel
1x Giebeldreieck
1x senkrechte Trennwand
2x waagrechte Trennwand

Schlüsselschrank

Die Suche nach Schlüsseln kann zu einer Dauerbeschäftigung werden – es sei denn, man bewahrt sie immer am gleichen Ort auf. Dieses flache Schränkchen soll dazu dienen, daß Sie nie wieder Schlüssel suchen müssen.

1 Bestreichen sie die Kanten der Seitenwände wie gezeigt mit Leim und drücken Sie sie auf die Rückwand auf.

2 Tragen Sie Leim auf die Unterseite von Rückwand und daran befestigten Seitenwänden auf. Bringen Sie diese auf dem Boden an. Positionieren Sie den Boden so, daß eine lange Kante mit der Hinterkante der Seitenwände bündig ist und zu beiden Seiten 9 mm überstehen.

3 Streichen Sie Leim auf die Oberkante des zusammengefügten Schränkchens und bringen Sie das Oberteil so an, daß sich seine Position genau mit der des Bodens deckt – bündig mit der Rückseite und mit einem Überhang von 9 mm vorne und an den Seiten.

4 Setzen Sie für die Tür die Rahmenteile zusammen, tragen sie Leim auf und drücken die Teile zusammen.

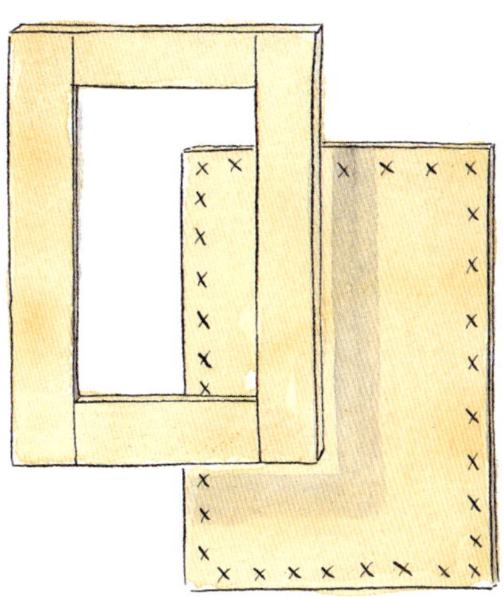

5 Bestreichen Sie die Tür mit Leim und legen Sie den zusammengesetzten Rahmen darauf. Drücken Sie die Teile fest bis der Leim trokken ist. Glätten sie die Kanten mit Sandpapier.

Sie brauchen

Materialien

12,5 mm starkes Weichholz, zugesägt wie folgt:
- zweimal 240 x 55 mm für die Seitenwände
- zweimal 203 x 70 mm für den Boden und das Oberteil

6 mm starkes Weichholz, zugesägt wie folgt:
- zweimal 240 x 25 mm für die Seitenteile des Türrahmens
- zweimal 110 x 25 mm für Ober- und Unterteil des Türrahmens

6 mm dickes Sperrholz mit folgenden Maßen:
- einmal 240 x 185 mm für die Rückwand
- einmal 240 x 160 mm für das Türfeld

Dünnes Stück Holz, 43 mm lang, als Türstopper

Kleiner Türknauf (mit Schraube)

Werkzeug/Hilfsmittel

Holzleim
Stiftnägel
Hammer
Mittelfeines und feines Sandpapier
Reibahle
Schraubenzieher
2 Scharniere (mit Schrauben)
8 Schraubhaken für Schlüssel
Handbohrer mit 4 mm Holzbohreinsatz

6 Befestigen Sie den Türknauf; dieser hier hat einen Durchmesser von 22 mm. Benutzen Sie eine Reibahle, um ein Loch für den Knauf vorzubohren, und schrauben Sie ihn auf halber Höhe der rechten Rahmenleiste auf.

7 Bringen Sie die Scharniere an der Innenseite der Tür an. Bohren Sie mit einer Reibahle Löcher für die Schrauben und schrauben Sie die Tür an. Ziehen Sie die Schrauben, wenn nötig, straffer oder weniger straff an, um sicherzustellen, daß die Tür gerade hängt.

8 Befestigen Sie ein kleines Stück Holz 12 mm von der Vorderkante an der oberen Innenseite der rechten Seitenwand, damit die Tür richtig schließt.

9 Bohren Sie mit einer Reibahle Löcher für die Haken vor. Bringen Sie die Haken in zwei ordentlichen Viererreihen an. Lassen Sie zwischen diesen etwas Platz, damit die Schlüssel frei hängen können. Schrauben Sie die Haken an. Bohren Sie am oberen und unteren Ende der Rückwand je ein weiteres Loch, um das Schränkchen an die Wand zu hängen. Benutzen Sie einen Handbohrer mit einem 4 mm-Holzbohreinsatz.

FARBPALETTE UND MALUTENSILIEN

Cremegetönte Emulsionsfarbe
Blaugraue Emulsionsfarbe
Wasserlöslicher Seidenglanzlack
Mittlerer Lackierpinsel
Bleistift
Pauspapier
5 mm breiter weicher
Künstlerpinsel
Weiches Tuch
Flacher Lasurpinsel

SCHRITT FÜR SCHRITT BEMALEN

1 Tragen Sie mit einem Lackierpinsel einen Grundanstrich cremegetönte Emulsionsfarbe auf. Trocknen lassen.

2 Tragen Sie darüber blaugraue Emulsionsfarbe auf.

3 Zeichnen Sie mit schwachen Bleistiftstrichen einen 11 mm breiten Rand auf das innere Türfeld.

4 Pausen Sie die Schlüsselumrisse (gegenüber) ab. Übertragen Sie sie dann auf das Holz, indem Sie die Pause auf das innere Türfeld legen und die Konturen nachfahren. Drücken Sie nur schwach mit dem Bleistift.

5 Ziehen Sie mit einem 5 mm breiten Pinsel und cremegetönter Emulsionsfarbe innerhalb Ihrer Bleistiftmarkierung einen Rand von 5 mm Breite.

6 Malen Sie den Schlüssel mit demselben Pinsel und in derselben Cremefarbe an, die Sie für den Rand benutzt haben. Lassen Sie alles vollständig trocknen.

7 Schleifen Sie mit dem mittelfeinem Sandpapier die gesamte Farbfläche des Schränkchens an. Folgen Sie dabei stets dem Faserverlauf. Entfernen Sie auf die gleiche Weise einen Teil der Farbe an den Kanten und Ecken, um ein natürlich gealtertes Aussehen zu erzielen.

8 Säubern Sie das Schränkchen gut, bevor Sie wasserlöslichen Seidenglanzlack mit einem sauberen Flachpinsel auftragen. Wiederholen Sie, falls nötig, die Lackierung. Die erste Lackschicht muß ganz getrocknet sein.

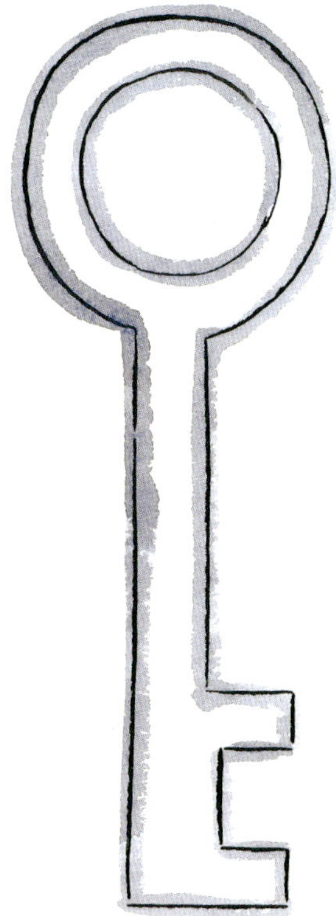

VORLAGE

Pausen Sie die Vorlage wie folgt ab:

1 x Schlüsselmotiv

Holztablett

Dieses einfache Holztablett wirkt mit dem aufgemalten dunkelorangefarbenen Muster auf schwarzem Untergrund und der glänzenden Lackierung japanisch. Das Tablett selbst ist leicht herzustellen. Die einzige Schwierigkeit ist es, den angeschrägten Rand glattzuhobeln.

SIE BRAUCHEN

Materialien

6 mm dickes Sperrholz,
450 x 305 mm, für den Boden
16 x 50 mm starkes Weichholz,
1,7 m lang, für die Seiten

Werkzeug/Hilfsmittel

Schneidlade
Rückensäge
Bleistift
Lineal
Bügelschraubzwingen
Hobel
Mittelfeines und feines Sandpapier
Stiftnägel
Hammer

Farbpalette und Malutensilien

Schwarze Emulsionsfarbe
Künstleracrylfarbe in folgenden Tönen:
Kadmiumorange
Kadmiumrot dunkel
Klarer wasserlöslicher Seidenglanzlack
Flacher weißer Behälter zum Anmischen
Breiter Lackierpinsel
Stück Kreide
Künstlerpinsel Größe 2 und 5
Flacher Lasurpinsel
Weiches Tuch

1 Geben Sie den Enden der vier Seitenleisten mit Hilfe einer Schneidlade und einer geraden Fuchsschwanzsäge eine Gehrung von jeweils 45°, so daß sie aneinandergepaßt werden können.

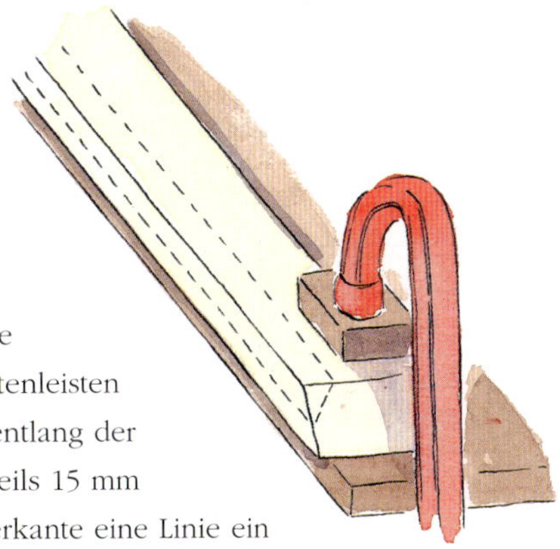

2 Schrägen Sie die Oberkante der Seitenleisten an. Zeichnen Sie entlang der Innenseite jedes Teils 15 mm unterhalb der Oberkante eine Linie ein und dann eine Linie entlang der Oberseite 6 mm von der Außenkante. Befestigen Sie das Holz mit Schraubzwingen und hobeln das Holz zwischen den Markierungen ab.

3 Leimen sie zuerst die vier Teile an den Ecken zu einem Rahmen zusammen. Legen Sie den Rahmen auf den Tablettboden und leimen Sie ihn fest. Stärken Sie die Verbindungen, indem Sie Stiftnägel durch die Ecken und von unten durch den Boden einschlagen.

Farbtonprobe

Dunkelorange
3 Teile Kadmiumorange
1 Teil Kadmiumrot dunkel

Schritt für Schritt bemalen

1 Tragen Sie mit einem breiten Lackierpinsel zwei Schichten schwarze Emulsionsfarbe auf. Trocknen lassen.

2 Markieren Sie zur Dekoration mit einem Stück Kreide ein Innenfeld mit den Maßen 315 x 170 mm.

3 Mischen Sie drei Teile Kadmiumorange und einen Teil Kadmiumrot dunkel. Betupfen Sie dann mit dem Pinsel Stärke 5 das Innenfeld gleichmäßig mit Punkten.

4 Malen Sie mit dem Pinsel Größe 2 und der gleichen Farbe das Fünfpunktmotiv in Reihen auf den Rand des Innenfeldes und auf die Seitenleisten auf. Lassen Sie die Farbe trocknen.

5 Tragen Sie mit einem Flachpinsel eine Lackschicht auf. Schleifen Sie nach dem Trocknen die Oberfläche leicht mit mittelfeinem oder feinem Sandpapier ab. Gut säubern, bevor Sie die nächste Schicht Lack aufbringen. Je mehr Schichten Lack Sie auftragen, desto besser wirkt das Tablett.

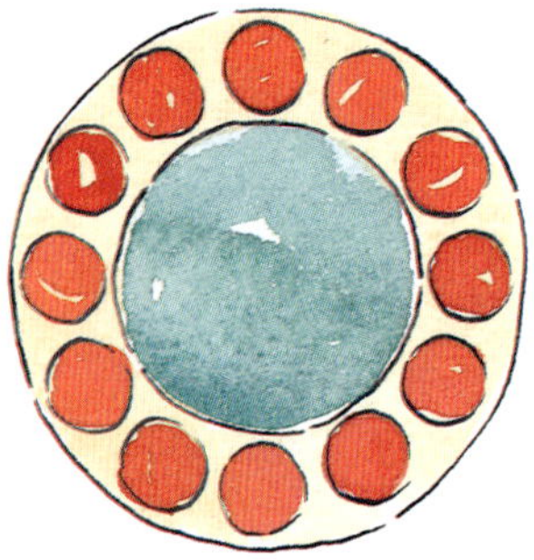

Zifferblatt

Für das Zifferblatt sägen Sie einen Kreis aus Holz aus, schleifen den Rand ab und bohren ein Loch für das Uhrwerk. Das Motiv kann abgepaust oder selbst aufgezeichnet, und dann in verschiedenen Farben angemalt werden.

SIE BRAUCHEN

Materialien/Werkzeug/Hilfsmittel

- Ausreichende Menge 19 mm starkes Kiefernschichtholz oder Sperrholz, um folgende Teile auszusägen:
  - Kreis mit 205 mm Durchmesser (oder je nach Wunsch größer oder kleiner)
- Pauspapier
- Zirkel
- Bügelschraubzwingen
- Stichsäge oder Bügelsäge
- Mittelfeines oder feines Sandpapier
- Weiches Tuch
- Holzrest
- Bohrer
- Quarzuhrwerk

Farbpalette und Malutensilien

- Weiße Acrylgrundierung
- Künstleracrylfarben in folg. Tönen:
  - Goldocker
  - Weiß
  - Kadmiumrot dunkel
  - Zinnoberrot
  - Saftgrün
  - Brilliantblau
- Wasser
- Wasserlöslicher Seidenglanzlack
- Flacher weißer Behälter zum Anmischen
- Lackierpinsel
- Winkelmesser
- Schablone aus Pappe oder transparenter Plastikfolie
- Hobbymesser
- Künstlerpinsel Größe 3
- Flacher, 6 mm breiter Künstlerpinsel
- Lasurpinsel

1 Damit die Uhr die gleiche Größe wie die Vorlage auf Seite 59 erhält, pausen Sie die Vorlage ab und übertragen zunächst nur den äußeren Kreis auf das Holz. Wenn Sie eine größere oder kleinere Uhr bevorzugen, verändern Sie entweder dementsprechend die Größe der Vorlage mit einem Kopierer und pausen wie oben den äußeren Kreis ab, oder zeichnen Sie die Uhr selbst mit einem Zirkel auf.

2 Befestigen Sie das Holz mit Schraubzwingen an Tischplatte oder Werkbank. Sägen Sie den Kreis mit einer Bügel- oder Stichsäge aus. Schleifen Sie den Rand mit mittelfeinem Sandpapier ab. Säubern Sie die Uhr vor dem Bemalen.

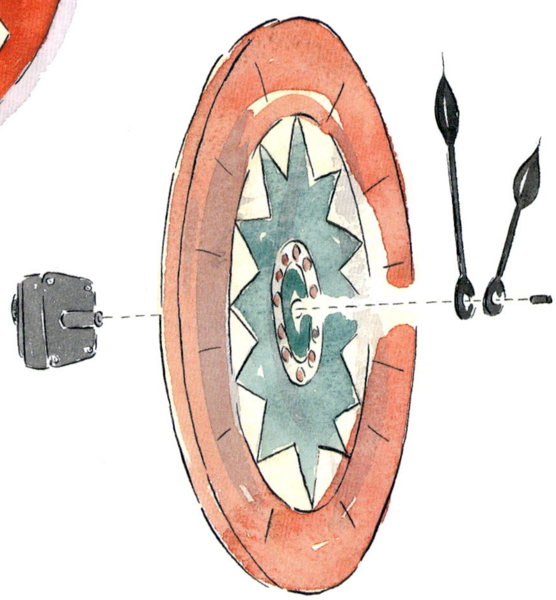

3 Bringen Sie, nachdem Sie die Bemalung wie auf Seite 58 beschrieben abgeschlossen haben, einen Holzrest hinter dem Zifferblatt an und bohren Sie ein Loch für das Uhrwerk. Montieren Sie das Uhrwerk nach den Anweisungen des Herstellers, aber befestigen Sie es erst, wenn die Dekoration fertig ist.

ONELL

Farbtonprobe

Gelb
2 Teile Goldocker
1 Teil Weiß

Rot
2 Teile Kadmiumrot dunkel
1 Teil Zinnoberrot

Blaugrün
1 Teil Saftgrün
1 Teil Brilliantblau

Schritt für Schritt bemalen

1 Streichen Sie mit einem Lackierpinsel weiße Acrylgrundierung auf das Holz. Trocknen lassen.

2 Mischen Sie die gelbe Farbe für den Untergrund aus Goldocker und Weiß. Überziehen Sie das Zifferblatt nun mit einer Schicht dieser Farbe.

3 Plazieren Sie die im gewünschten Maßstab abgepauste Vorlage sorgfältig auf die Holzscheibe. Übertragen Sie dann nacheinander die inneren Kreise, die Ziffern und die Sternform auf das bemalte Holz.

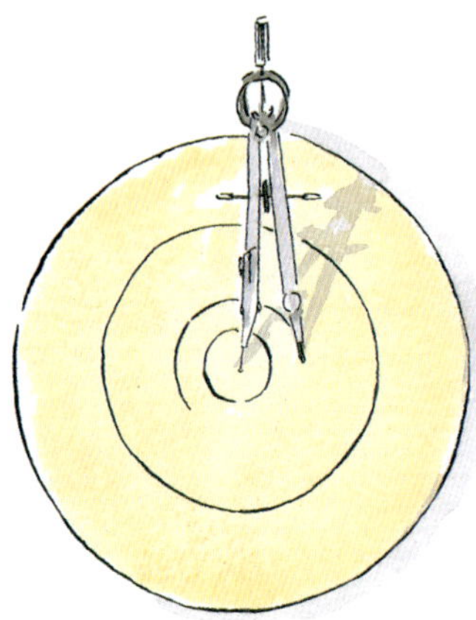

4 Wenn Sie das Motiv eigenhändig zeichnen, ziehen Sie zuerst mit dem Zirkel den äußeren Ring. Zeichnen Sie nun die zwei inneren Ringe maßstabsgetreu auf. Orientieren Sie sich an der Vorlage. Teilen Sie mit einem Winkelmesser den äußeren Ring in zwölf gleiche Abschnitte. Zeichnen Sie jeweils die Ziffern an der richtigen Stelle auf die Abschnitte.

5 Zeichnen Sie abschließend die Punkte in den inneren Ring ein; dazu können Sie eine kleine kreisförmige Schablone verwenden oder selbst aus Pappe oder transparenter Plastikfolie eine Schablone schneiden. Skizzieren Sie zum Schluß die Sternfigur.

6 Stellen Sie die rote Farbe her, indem Sie Zinnoberrot und Kadmiumrot dunkel vermischen und die Farbe leicht mit Wasser verdünnen. Umranden Sie mit einem Künstlerpinsel Größe 3 die Ziffern. Malen Sie den Hintergrund des äußeren Ringes an. Der gelbe Grundanstrich ist die Farbe der Ziffern.

7 Mischen Sie die blaugrüne Farbe aus gleichen Teilen Saftgrün und Brilliantblau. Bemalen Sie damit die Sternform mit einem 6 mm breiten Flachpinsel.

8 Malen Sie rote Punkte auf den inneren Ring auf.

9 Benutzen sie zum Abschluß der Dekoration den Pinsel Größe 3 und die grünblaue Farbe, um die Abschnitte zwischen den Ziffern zu markieren.

10 Tragen Sie eine Schicht Seidenglanzlack auf und lassen Sie sie trocknen. Mit feinem Sandpapier abschleifen, dann noch mindestens viermal lackieren. Setzen Sie zuletzt das Uhrwerk ein.

Vorlage

Vergrößern oder verkleinern Sie die Vorlage nach Wunsch mit einem Kopierer, und schneiden Sie die Vorlage wie folgt aus:

1 x Zifferblatt

Im Kinderzimmer

ZIEHENTE

Kleine Kinder lieben einfaches Holzspielzeug zum Nachziehen. Diese kleine weiße Ente ist aus einer gebrauchten Holzdiele entstanden. Die Oberfläche ist glattgeschliffen, besitzt aber eine interessante Maserstruktur. Wenn die Spielzeugphase vorbei ist, dient die Ente als Dekorationsgegenstand.

SIE BRAUCHEN

MATERIALIEN

Ausreichende Menge gebrauchtes, 12,5 mm dickes Holz, z.B. Dielenholz, um folgende Teile auszusägen:
einmal 131 x 188 mm (Rumpf und Kopf)
einmal 170 x 86 mm (Grundbrett)
zweimal 56 x 99 mm (Flügel)
zwei kreisrunde Scheiben, 45 mm Durchmesser (Räder)
2 Holzknöpfe mit Ösen (Augen)
1 große Holzperle für die Kordel
6 mm dicker Dübelstab, 300 mm lang (Achsdübel)
2 mm dicker Dübelstab, 100 mm lang, als Dübel für Flügel und Räder
1 m starke Kordel

WERKZEUG/HILFSMITTEL

Pauspapier
Bleistift
Bügelschraubzwingen
Stichsäge
Bohrer mit 6 mm und 2 mm breitem Spiralbohreinsatz (siehe Tip für Anfänger, unten)
Mittelfeines und feines Sandpapier
Schleifklotz (nach Wunsch)
Holzrest
Holzleim
Hammer
500 mm Gummilitze
50 mm lange Holzschraube Gr. 10
Schraubenzieher

TIP FÜR ANFÄNGER

Sehr kleine Löcher sind leichter mit dem Handbohrer zu bohren, da dünne Bohreinsätze unter Druck bisweilen abbrechen.

1 Pausen Sie alle Modellformen auf Seite 65 ab und übertragen Sie sie auf die gebrauchte Holzdiele. Denken Sie an die Kreuze, die anzeigen, wo die Augen, die Kordel und der Rumpf der Ente befestigt werden.

2 Klemmen Sie das Brett mit einer Schraubzwinge an Tischplatte oder Werkbank fest. Sägen Sie alle Formen aus. Bohren Sie dann mit einem Bohrer mit 6 mm breitem Einsatz Löcher für die Achsdübel durch die Räder.

3 Schleifen Sie alle Formen zuerst mit mittelfeinem und dann mit feinem Sandpapier ab und runden Sie anschließend alle Ecken und Kanten vorsichtig ab, damit Sie eine glatte und gut bemalbare Oberfläche erhalten.

4 Machen Sie 30 mm von den Ecken entfernt vier Kreuze an den Kanten der längeren Seiten des Grundbretts. Klemmen Sie das Brett mit einer Schraubzwinge fest. Bohren Sie an den Markierungen vier 30 mm tiefe Löcher für die Dübel.

5 Legen Sie einen Holzrest unter den Körper der Ente, um Ihre Arbeitsfläche zu schützen, und klemmen Sie beide Teile mit Schraubzwingen an der Werkbank fest. Bohren Sie an der Markierung mit einem 2 mm breiten Bohreinsatz Löcher für Augen und für Flügel. Bohren Sie in die Innenseite der Flügel ähnliche Löcher bis zur halben Tiefe der Flügel. Die Teile werden vor dem Zusammenfügen bemalt (Schritt 6).

6 Bemalen Sie alle Teile mit einer Schicht weißer Acrylgrundierung. Gut trocknen lassen. Schleifen Sie sie mit Sandpapier ab, so daß ein Teil der Maserung durchscheint. Malen Sie das Grundbrett und die Knöpfe für die Augen blau an. Streichen Sie die Räder, den Schnabel und die große Holzperle mit Kadmiumorange. Schleifen Sie nach dem Trocknen alle bemalten Teile ab.

7 Schneiden Sie von dem 2 mm dicken Dübelstab ein Stück ab, das durch den Rumpf bis zur Hälfte in beide Flügel reicht. Geben Sie einen kleinen Tropfen Leim in das Loch im Rumpf. Klopfen Sie mit einem Hammer vorsichtig den Dübel hindurch. Klopfen Sie die Flügel auf die Dübel.

8 Binden Sie die Gummilitze an der Öse eines Knopfes fest und fädeln Sie sie durch das Loch im Kopf. Binden Sie den Gummizug am zweiten Knopf fest und machen einen Knoten. Geben Sie Leim auf die Rückseite beider Knöpfe auf und lassen Sie den Gummizug los, so daß er die Knöpfe in Position hält.

9 Schneiden Sie für die Achsdübel den 6 mm dicken Dübelstab in vier 63 mm lange Teile, die in die Achslöcher im Grundbrett und durch beide Räder passen und 20 mm über jedes Rad hinausragen. Malen Sie die Dübel blau an und lassen Sie sie trocknen bevor Sie in 6 bis 9 mm Entfernung vom Ende jedes Teils ein Loch von 2 mm bohren. Geben Sie jeweils auf das andere Ende der Achsdübel etwas Leim und klopfen Sie sie mit einem Hammer durch die Achslöcher. Stecken Sie auf jedes Ende ein Rad. Schneiden Sie für die Raddübel den Rest des 2-mm-Stabs in vier 10 mm lange Teile und überziehen Sie diese mit blauer Farbe. Stecken Sie sie, wenn sie vollständig getrocknet sind, in die Achsdübel.

10 Bohren Sie an der Markierung von unten ein Loch durch das Grundbrett. Bohren Sie dann ein kleineres Loch für die Schraube in die Unterseite der Ente. Befestigen Sie das Brett mit Hilfe der großen Holzschraube an der Ente.

11 Bohren Sie für die Kordel an der Markierung ein Loch durch das Vorderteil des Bodens. Verknoten Sie ein Ende der Kordel, stecken Sie sie durch das Loch und durch die große Holzperle. Machen Sie zur Befestigung der Holzperle einen zweiten Knoten in das andere Ende der Kordel.

Farbpalette und Malutensilien

Weiße Acrylgrundierung
Künstleracylfarben in folgenden Tönen:
- Brilliantblau
- Weiß
- Kadmiumorange

Flacher weißer Behälter zum Anmischen
10 mm breiter Künstlerpinsel

Farbtonprobe

Blau
- 3 Teile Brilliantblau
- 1 Teil Weiß

Kadmiumorange

Vorlagen

Schneiden Sie folgende Formen aus:

1 x Rumpf und Kopf
2 x Flügel
1 x Bodenplatte
4 x Räder

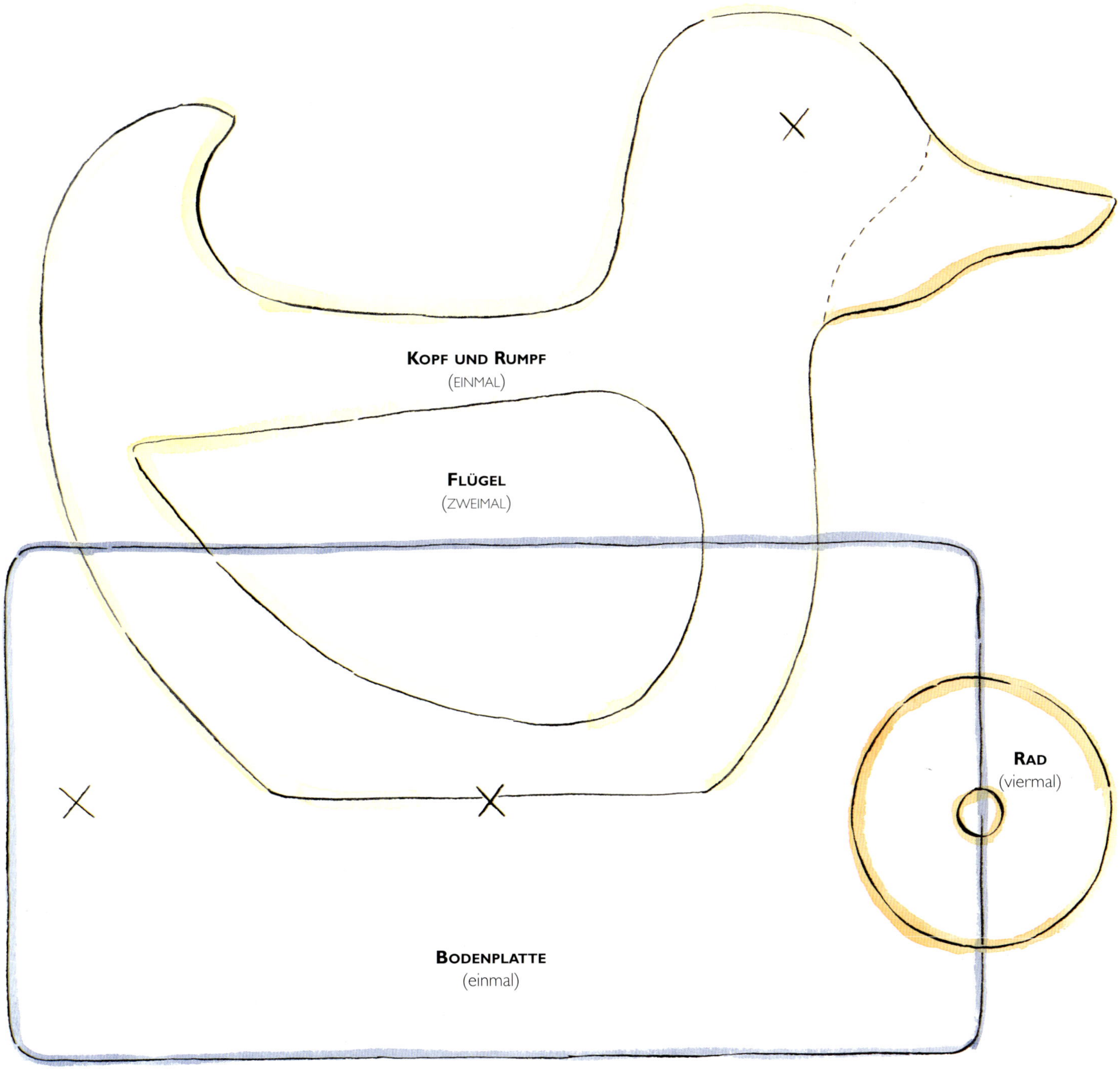

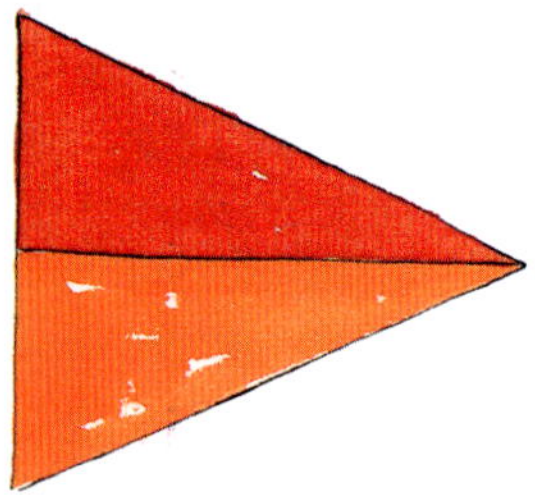

Spielebrett

Spielebretter dieser Machart – mit dem Spielfeld in der Mitte und Fächern zum Aufbewahren der Spielfiguren an der Vorder- und Rückseite – sind in vielen amerikanischen Volkskundemuseen zu finden.

Sie brauchen

Materialien

6 mm dickes Sperrholz,
524 x 324 mm, für das Bodenteil
10 x 32 mm starkes Weichholz,
zugesägt wie folgt:
zweimal 524 mm (Seitenwände)
zweimal 304 mm (Vorder- und Rückseite)
zweimal 304 mm für die Trennwände

Werkzeug/Hilfsmittel

Holzleim
Stiftnägel
Hammer
Lineal
Bleistift
Mittelfeines und feines Sandpapier

Farbpalette und Malutensilien

Weiße Acrylgrundierung
Schwarze Emulsionsfarbe
Künstleracrylfarben in folgenden Tönen:
Saftgrün
Brillantblau
Goldocker
Kadmiumorange
Kadmiumrot dunkel
Kadmiumscharlachrot
Venezianischrot
Rotviolett
Wasserlöslicher Seidenglanzlack
Flacher weißer Behälter zum Anmischen
1 Lackierpinsel
1 Kartonstreifen, 38 x 304 mm
6 mm breiter flacher Künstlerpinsel
1 Künstlerpinsel Größe 5
Lasurpinsel

1 Fügen Sie den äußeren Rahmen auf dem Bodenteil zusammen. Leimen Sie alle Berührungsflächen zusammen und verstärken Sie die Verbindung mit Stiftnägeln.

2 Messen Sie eine Entfernung von 90 mm von der Vorder- und Rückseite ab und ziehen Sie dort parallele Linien auf das Bodenteil. Leimen Sie die Trennwände mittig auf diese Linie, so daß der Freiraum auf der Vorder- und Rückseite je 90 x 304 mm mißt und das Feld in der Mitte 304 x 304 mm groß ist. Schlagen Sie zur Verstärkung Stiftnägel ein. Schleifen Sie alle rauhen Kanten glatt.

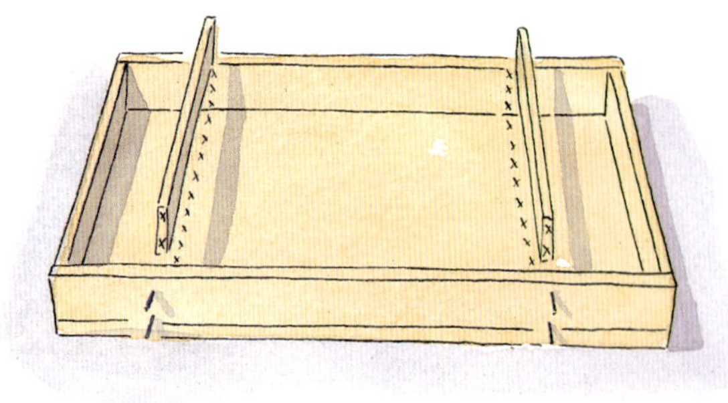

Schritt für Schritt bemalen

1 Bestreichen Sie mit einem Lackierpinsel das gesamte Brett innen und außen mit weißer Acrylgrundierung. Trocknen lassen.

2 Zeichnen Sie das Schachbrettmuster auf das mittlere Feld. Jede Seite erhält acht 38 mm große Felder. Nehmen Sie einen 6 mm breiten flachen Künstlerpinsel und bemalen Sie sorgfältig jedes zweite Feld mit schwarzer Emulsionsfarbe.

3 Teilen Sie die Fächer an Vorder- und Rückseite mit Linien vertikal und horizontal in zwei gleiche Teile. Zeichnen Sie sich schneidende Diagonalen ein.

4 Bemalen Sie die Fächer mit einem Pinsel Größe 5, und lassen Sie die Farbe trocknen.

5 Bemalen Sie Innenfläche und Oberkanten der Seiten hellrot, nach dem Trocknen Außenfläche und Bodenteil mit schwarzer Emulsionsfarbe. Nach dem Trocknen wasserlöslichen Seidenglanzlack auftragen.

Farbtonprobe

Grün
- 1 Teil Saftgrün
- 1 Teil Brilliantblau

Orange
- 1 Teil Goldocker
- 1 Teil Kadmiumorange

Hellrot
- 1 Teil Kadmiumrot dunkel
- 1 Teil Kadmiumscharlachrot

Dunkelrot
- 3 Teile Venezianischrot
- 1 Teil Rotviolett

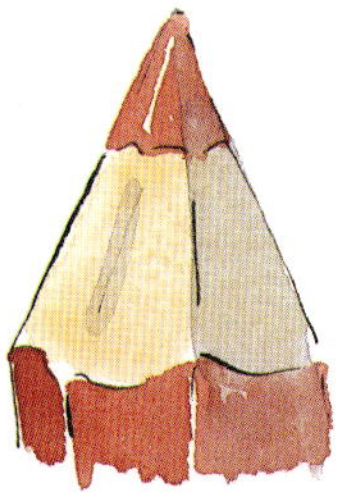

SIE BRAUCHEN

Materialien

Handelsüblicher Federkasten
160 mm Dübelstab, 19 mm stark, für den Buntstift

Werkzeug/Hilfsmittel

Rückensäge
Hobbymesser
Mittelfeines und feines Sandpapier
Lineal
Reibahle
2 kurze Holzschrauben
Schraubenzieher

Farbpalette und Malutensilien

Weiße Acrylgrundierung
Graugrüne Emulsionsfarbe
Künstleracrylfarbe in folgenden Tönen:
Brilliantrot dunkel (oder eine andere Primärfarbe)
Hookers Grün
Umbra natur
Weiß
Wasserlöslicher Seidenglanzlack
Flacher weißer Behälter zum Anrühren
Kleiner Lackierpinsel
10 mm breiter Kartonstreifen
Flache Künstlerpinsel, 6 und 3 mm breit

Farbtonprobe

Hookers Grün

Umbra Natur

Brilliantrot dunkel

BUNTSTIFTBOX

Dies ist eine handelsübliche Buntstiftbox aus Holz mit einem Schiebedeckel, wie es sie gibt, seit Kinder Stifte besitzen. Der Stift zur Verzierung auf dem Deckel wird aus einem Dübelstab gefertigt und an einem Ende angespitzt.

1 Sägen Sie den Dübelstab mit einer Rückensäge passend zu. Spitzen Sie ein Ende mit einem scharfen Hobbymesser an.

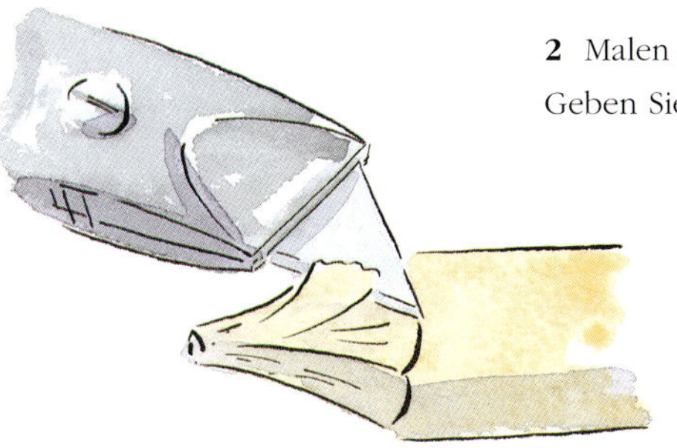

2 Malen Sie Buntstiftstiel und angespitzte „Mine" mit roter Farbe an. Geben Sie wasserlöslichen Seidenglanzlack auf. Trocknen lassen.

3 Schleifen Sie die Oberfläche ab, damit sie Farbe aufnimmt. Tragen Sie als Grundanstrich graugrüne Emulsionsfarbe auf.

4 Das Muster sieht aus wie Späne, die beim Stiftspitzen anfallen. Benutzen Sie den Kartonstreifen, um die Reihen in einer Entfernung von etwa 10 mm parallel werden zu lassen. Verdünnen Sie das Grün mit Wasser, und malen Sie mit dem 6 mm breiten Flachpinsel gleichmäßige Wellenlinien auf.

5 Versetzen Sie weiße Farbe mit einem Spritzer Umbra natur und malen Sie mit dem dünneren, 3 mm breiten Pinsel zwischen den ersten weitere Wellenlinien auf. Achten Sie darauf, daß die Untergrundfarbe noch an einigen Stellen zu sehen ist.

6 Bohren Sie zwei Löcher durch den Deckel (in einem Abstand von ungefähr 60 mm). Bohren Sie nun mit der Ahle zwei entsprechende Löcher in den „Buntstift" vor. Schrauben Sie den „Buntstift" von unten an den Deckel.

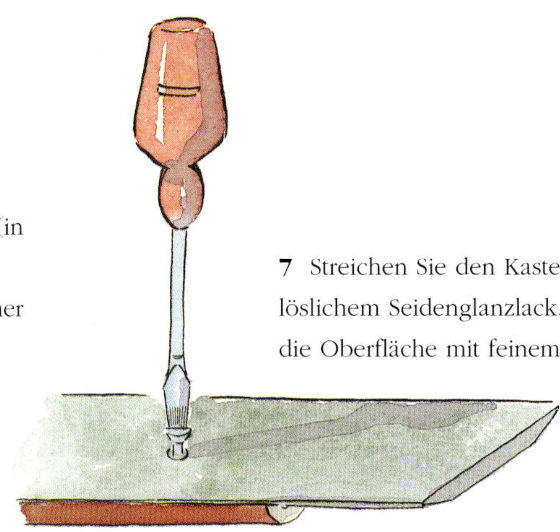

7 Streichen Sie den Kasten mit wasserlöslichem Seidenglanzlack. Glätten Sie die Oberfläche mit feinem Sandpapier.

Clownmarionette

Balsa ist anders als alle anderen Hölzer. Es ist extrem leicht und besitzt keine deutliche Faserung, kann also leicht abgeschliffen werden und erfordert keinen Bohrer – man sticht einfach mit einer Reibahle Löcher in das Holz.

1 Kleben Sie für den Oberkörper vier gleich große Würfel Balsaholz mit Holzleim zu einem ungefähr 70 mm hohen Block zusammen. Pressen Sie ihn über Nacht mit Schraubzwingen oder Klebeband zusammen, damit der Leim bindet. Erstellen sie genauso den unteren Teil des Rumpfes.

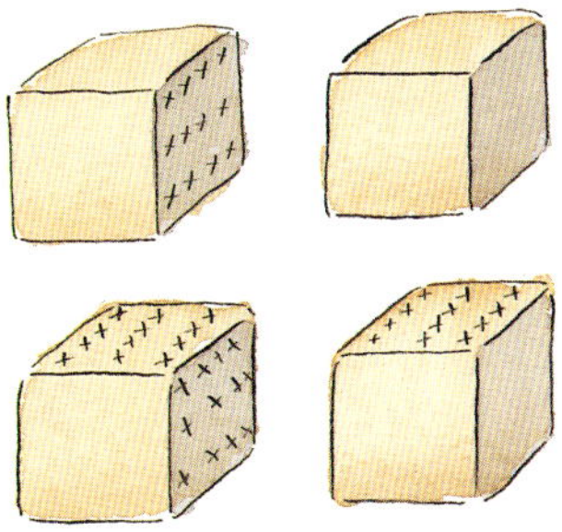

2 Runden Sie mit einem Messer die Seiten der Blöcke ab, und glätten Sie sie mit Sandpapier. Nicht zu viel auf einmal abschmirgeln. Beide Teile haben einen Durchmesser von ungefähr 150 mm, an den Enden von 130 mm. Gestalten Sie das Holz für die Glieder genauso; jedes der vier Armstücke ist etwa 40 mm lang, die Stücke für die Beine circa 50 mm. Schneiden Sie für die Schultern zwei kleine keilförmige Stücke zurecht. Gestalten Sie aus einem Holzblock von circa 35 mm Seitenlänge den Kopf mit flacher Oberseite und rundem Querschnitt (zwei passende Räder und ein Knopf ergeben später den Hut; Sie können sich beim Gestalten der Oberseite des Kopfes daran orientieren).

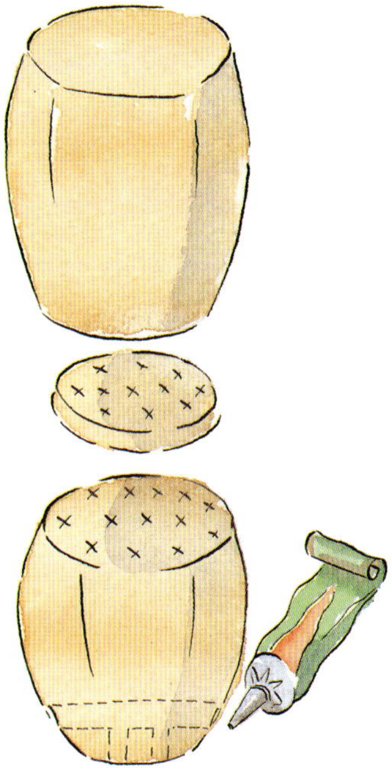

3 Leimen Sie für den Rumpf das größte Holzrad zwischen das gestaltete Ober- und Unterteil des Rumpfes. Bohren Sie zwei 20 mm tiefe Löcher in die Unterseite des unteren Teils des Rumpfes, um später die Beine anzubringen. Bohren Sie von einer Seite zur anderen eine Röhre durch den Unterkörper, die diese beiden Löcher schneidet. Füllen Sie die Öffnungen der seitlichen Löcher mit Holzkitt, lassen Sie die Röhre innen frei, um die Beine anzuhängen. Bemalen Sie das Holz nach den Arbeitsschritten auf Seite 72.

Sie brauchen

Materialien

Packung sortiertes Balsaholz (in verschiedenen Formen und Größen, sowohl rund als auch eckig erhältlich; hier werden Würfel verwendet).
Hölzerne Räder: 1 großes, 1 mittleres und 1 kleines (circa 40 mm, 25 mm und 15 mm im Duchmesser, in Modellbaugeschäften erhältlich)
1 Knopf mit Metallöse
11 bunte Holzperlen
Zwei 150 mm lange Stücke 5 x 10 mm starkes Weichholz für das Führungskreuz

Werkzeug/Hilfsmittel

Holzleim
Bügelschraubzwingen oder Klebeband
Hobbymesser
Mittelfeines und feines Sandpapier
Reibahle
Holzkitt
150 mm plastikummantelter Draht
Gummilitze und Nadel
Musterklammer

Farbpalette und Malutensilien

Weiße Acrylgrundierung
Künstleracrylfarbe in folgenden Tönen:
Weiß
Kadmiumrot
Brilliantblau
Hookers Grün
Kadmiumgelb
Wasserlöslicher Seidenglanzlack
Flacher weißer Behälter zum Anmischen
12 mm breiter Künstlerpinsel
Künstlerpinsel Größe 1
Flacher Lasurpinsel

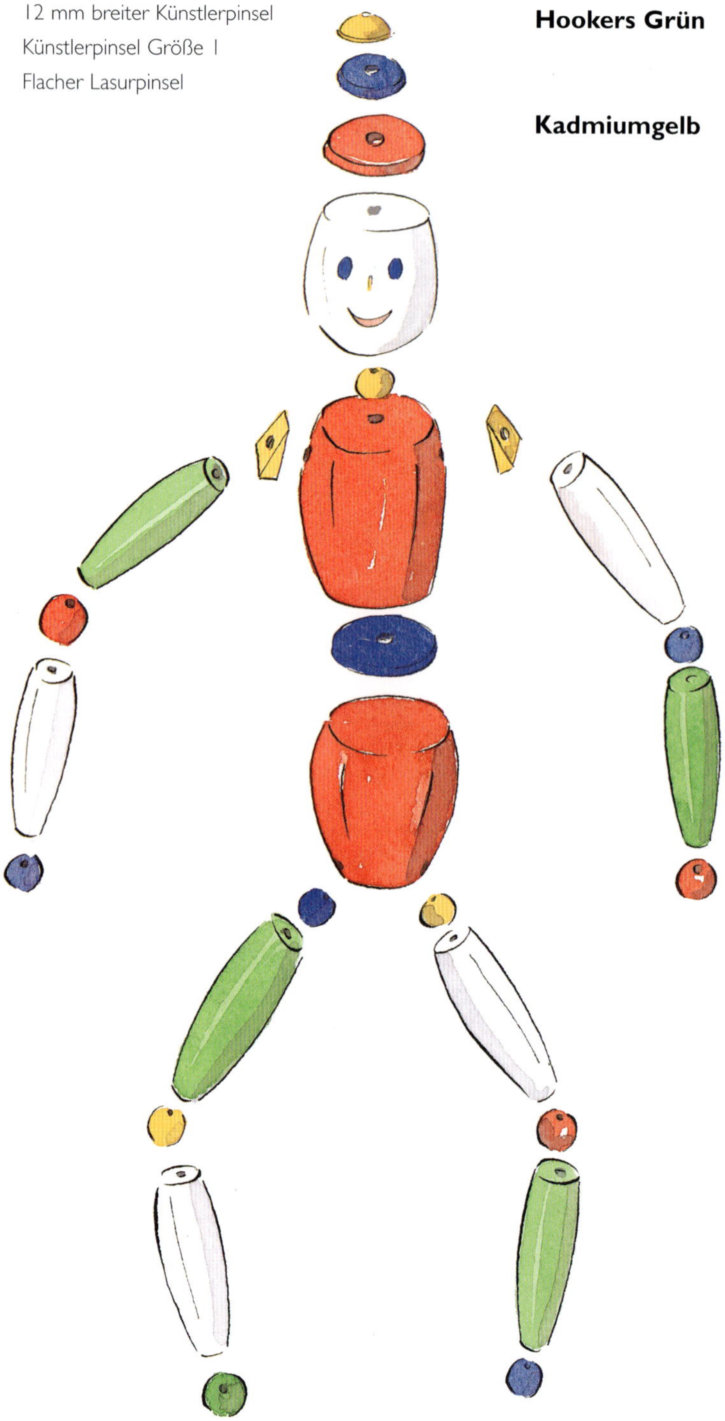

Farbtonprobe

Weiß

Kadmiumrot

Brilliantblau

Hookers Grün

Kadmiumgelb

Schritt für Schritt bemalen

1 Tragen Sie auf alle Teile weiße Acrylgrundierung auf. Lassen Sie diese trocknen und streichen Sie dann jedes Teil in der gewählten Farbe (Abbildung links). Malen Sie die Gesichtszüge mit einem Künstlerpinsel Größe 1. Trocknen lassen.

2 Pinseln Sie mit einem Flachpinsel wasserlöslichen Seidenglanzlack auf. Trocknen lassen, dann die Teile zusammensetzen.

Montage Schritt für Schritt

1 Durchbohren Sie alle Balsateile für die Glieder der Länge nach mit einer Reibahle. Machen Sie dann durch die Mitte des Kopfes ein Loch von oben bis unten.

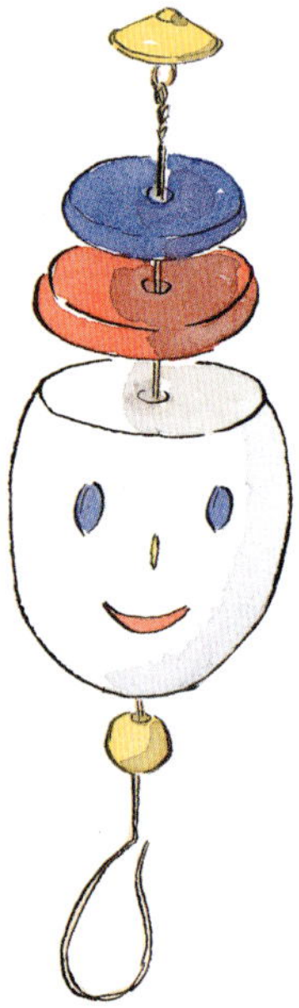

2 Für den Kopf ziehen Sie ein Stück Draht durch die Öse an der Rückseite des Knopfes, machen eine Schlaufe und verdrehen dann den Draht zur Befestigung. Für den Hut fädeln Sie das kleine und das mittlere Rad auf den Draht. Dann den Draht durch das Loch im Kopf und schließlich durch eine Holzperle stecken, die den Hals ergibt.

3 Bohren Sie mit der Reibahle ein 30 mm tiefes mittiges Loch in die Oberseite des Oberkörpers, um den Kopf am Rumpf zu befestigen. Bohren Sie dann eine weitere Röhre durch den Oberköper, die das Loch schneidet, um die Arme anzubringen. Die Röhre sollte das senkrechte Loch im Hals ungefähr 5 mm über dem Ende des Loches schneiden. Machen Sie am Ende des Drahtes, an dem der Kopf hängt, eine 30 mm lange Schlaufe, die in das Loch am Hals paßt. Verdrehen Sie das lose Ende und stecken Sie den Rest wieder in die Perle zurück. Der Gummi, auf den die Arme gezogen werden, läuft durch die Drahtschlaufe am Hals. Er hält den Kopf.

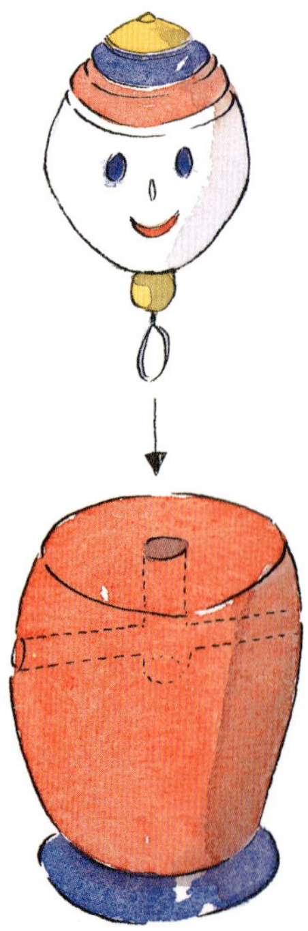

4 Schneiden Sie eine doppelte Lage Gummilitze ab, lang genug für beide Arme. Stecken Sie sie durch den Rumpf. Lassen Sie Spielraum für Knoten. Stecken Sie den Gummi mit einem Ende durch eine Holzperle, die als Hand dient, schieben Sie die Perle in die Mitte und fädeln Sie das andere Ende der Litze auf die Nadel, um eine doppelte Lage zu erhalten. Stecken Sie beide Lagen durch einen Unterarm, eine Holzperle – den Ellbogen – einen Oberarm und eines der Schulterstücke. Fädeln Sie den Gummi durch den Oberkörper. Achten Sie darauf, ihn durch die Halsschlaufe zu ziehen.

5 Wiederholen Sie den Vorgang in umgekehrter Reihenfolge für den zweiten Arm. Bei der letzten Holzperle überprüfen Sie die Spannung und befestigen Sie den Gummi mit einem Knoten an der Hand.

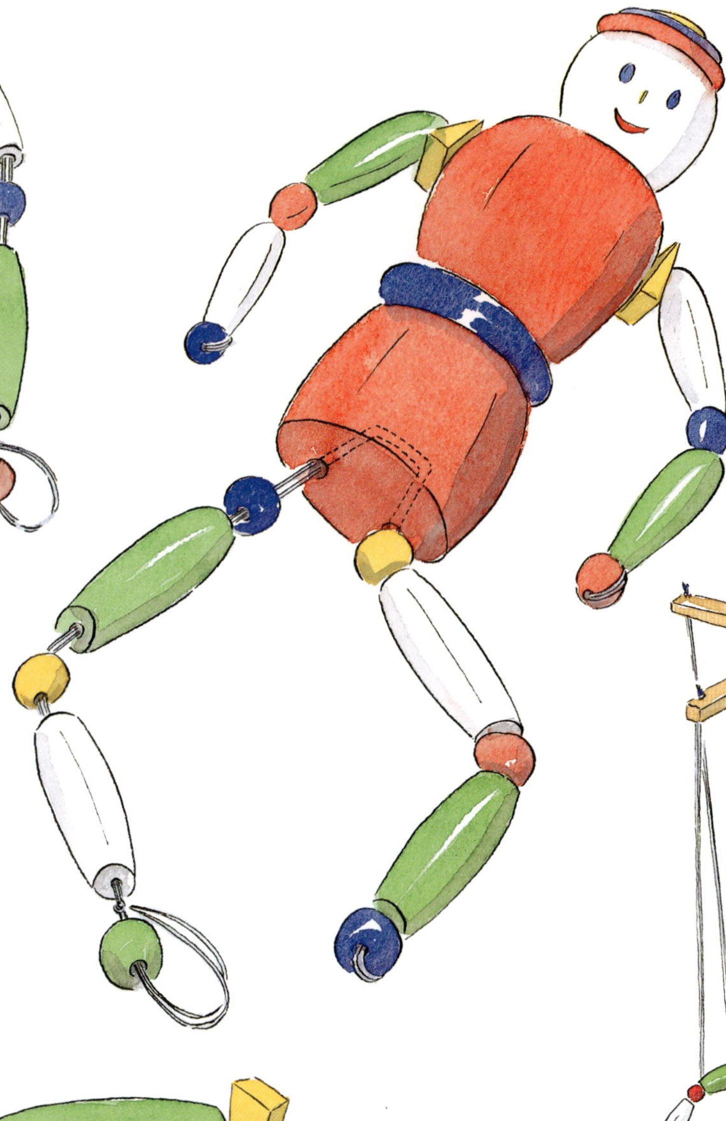

6 Montieren Sie die Beine genauso wie die Arme, wickeln aber beim obersten Teil des ersten Beines ein Stück Draht um die Gummilitze, um den Gummi um die Biegungen innerhalb des unteren Rumpfteils zu führen. Wenn Sie bei der letzten Holzperle des zweiten Beines anlangen, verknüpfen Sie den Gummizug unmittelbar über dem Fuß.

7 Machen Sie ein Loch in die Mitte des Führungskreuzes und verbinden Sie es mit einer Klammer. Führen sie den Gummizug in Löcher am Ende der Hölzchen. Führen Sie doppelt gelegte Gummilitze durch die Löcher. Machen Sie darüber einen Knoten. Legen Sie den Gummizug für Arme und Beine direkt über dem Knie- bzw. Ellbogengelenk in eine Schlaufe und den Gummizug für den Kopf um den Knopf, der als Hut dient.

Springmännchen

Dieses einfache Spielzeug vereint zwei der Dinge in sich, die unsere Kleinsten so ansprechen – Beherrschung und Überraschung! Das Spielzeug besteht aus zwei identischen Sperrholzteilen, die die kleine Figur darin umgeben. Wenn der Hebel bewegt wird, springt sie aus dem Baumversteck.

SIE BRAUCHEN

MATERIALIEN

Ausreichende Menge 5 mm starkes Sperrholz, um folgende Teile zuzuschneiden:
- zweimal 95 x 79 mm für Vorder- und Rückseite
- einmal 76 x 21 mm für den Hebel
- einmal 74 x 42 mm für die Figur

Ausreichende Menge 10 mm starkes Weichholz, um folgende Teile auszusägen:
- zweimal 91 x 13 mm für die Seitenteile

Zwei kurze Holzdübel, um Hebel und Figur zu verbinden

WERKZEUG/HILFSMITTEL

Pausapier
Bleistift
Bügelschraubzwingen oder Schraubstock
Bügelsäge
Rückensäge
Mittelfeines und feines Sandpapier
Holzrest
Handbohrer mit 5 mm breitem Holzbohreinsatz
Holzleim
Hobbymesser
30 mm breiter Beitel
Holzhammer
Stiftnägel
Hammer

1 Übertragen Sie die Schablonen auf Seite 77 auf das Holz. Klemmen Sie es an einer Werkbank fest und sägen Sie die Formen aus. Schmirgeln Sie die rauhen Kanten glatt.

2 Bohren Sie ein Loch ins Vorderteil für die Bügelsäge. Klemmen Sie das Vorderteil fest und sägen das Fenster aus.

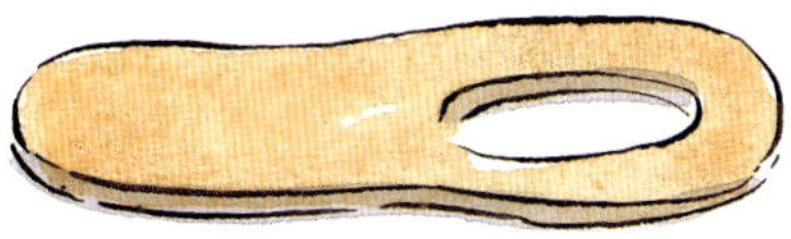

3 Sägen Sie ein längliches Loch in den Hebel. Klemmen Sie ihn fest und sägen Sie mit der Bügelsäge.

4 Legen Sie einen Holzrest unter die Figur und bohren Sie an der Markierung ein 5 mm breites Loch. Leimen Sie dort den Dübel fest und schmirgeln Sie die Vorderseite so ab, daß der Dübel mit dem Sperrholz bündig ist. Der Dübel sollte 3 mm hervorstehen.

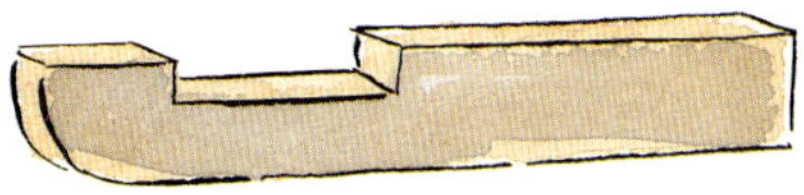

5 Ritzen Sie – wie auf der Schablone mit gestrichelten Linien markiert – mit einem Messer zwei parallele Linien in eines der Seitenteile. Sägen Sie die eingeritzten Linien 5 mm tief ein und tragen Sie das Holz dazwischen ab.

6 Leimen Sie die Seitenteile auf die Rückwand und bringen das Seitenteil mit der Vertiefung an der rechten Seite an. Schieben Sie den Hebel hinein.

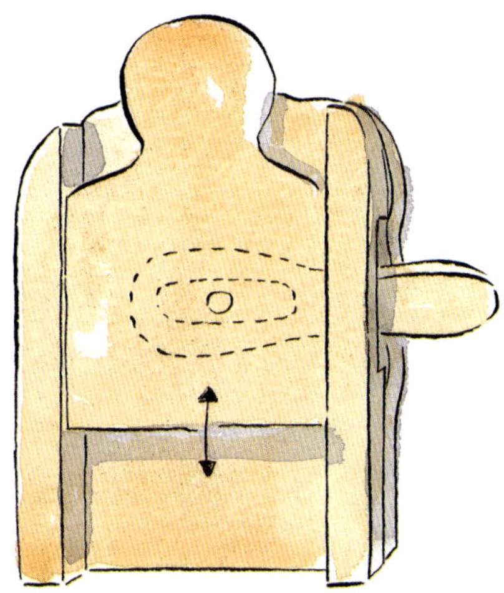

7 Setzen Sie die Figur so auf den Hebel, daß der Dübel in dem länglichen Loch steckt. Bewegen Sie den Hebel, um die richtige Position für seine Befestigung zu ermitteln. Schmirgeln Sie die Kanten bis das Männchen sich auf und ab bewegen läßt.

Farbpalette und Malutensilien

Weiße Acrylgrundierung
Künstleracrylfarben in folgenden Tönen:
- Braun
- Zinnoberrot
- Hellgelb
- Schwarz
- Hookers Grün
- Weiß
- Hellrot

Wasserlöslicher (für Kinderspielzeug geeigneter) Seidenglanzlack
Flacher weißer Behälter zum Anmischen
Breiter Künstlerpinsel
Künstlerpinsel Größe 1
Künstlerpinsel Größe 4
Lasurpinsel

Farbtonprobe

Zinnoberrot

Hellrot

Kadmiumgelb

Hellgelb

Hookers Grün

Hellgrün
1 Teil Hookersgrün
1 Teil Weiß

Schwarz

Braun

Blaugrün
3 Teile Ultramarin
1 Teil Kadmiumgelb

Hellblau

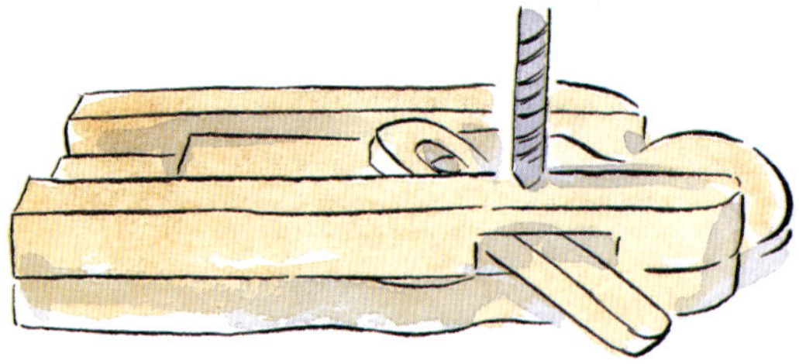

8 Bohren Sie ein 5 mm breites Loch durch Seitenteil, Hebel und Rückwand. Leimen Sie den Dübel fest. Schleifen Sie ihn bündig mit dem Sperrholz.

9 Bemalen Sie den Hebel mit brauner Farbe. Nach dem Trocknen tragen Sie dann eine Lackschicht auf.

10 Setzen Sie die Vorderseite auf. Überprüfen Sie, ob sich alles ungehindert bewegt. Falls nicht, schmirgeln Sie die Kanten aller beweglichen Teile ab. Fügen Sie die Teile erst zusammen, wenn die Figur bemalt ist.

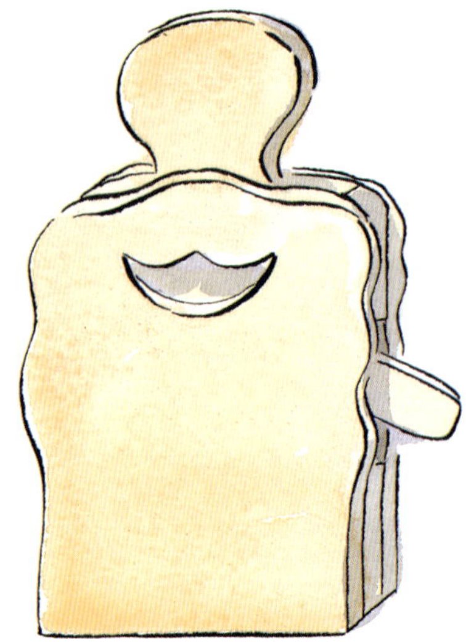

Schritt für Schritt bemalen

1 Streichen Sie mit einem breiten Künstlerpinsel weiße Acrylgrundierung auf. Trocknen lassen. Malen Sie die Kleider zinnoberrot, die Haare hellgelb und mit einem Künstlerpinsel Größe 1 die Gesichtszüge in Schwarz.

2 Bemalen Sie Vorder- und Rückseite sowie Seitenteile mit dem hellen Grün. Nach dem Trocknen fügen Sie die Äpfel in Hellrot und die Blätter in Hookers Grün hinzu. Lasieren Sie alle bemalten Teile mit einem für Kinderspielzeug geeigneten wasserlöslichen Seidenglanzlack.

Montage

Leimen Sie die Vorderseite auf die Seitenteile. Verstärken Sie die Verbindung mit Stiftnägeln, die Sie von hinten in die Seitenteile schlagen.

Farbpalette für alternatives Design

Weiße Acrylgrundierung
Künstleracrylfarben in folgenden Tönen:

- Braun
- Hellgelb
- Hellblau
- Schwarz
- Ultramarin
- Kadmiumgelb
- Hookers Grün

Alternatives Design

Das alternativ gestaltete Spielzeug ist blaugrün bemalt, das Männchen hellblau gekleidet. Die Äpfel werden durch gelbe Birnen ersetzt.

1 Wie zuvor malen Sie den Hebel braun und die Haare hellgelb an. Malen Sie die Kleider der Figur hellblau an. Dann fügen Sie mit einem Künstlerpinsel Größe 1 die Gesichtszüge in Schwarz hinzu.

2 Streichen Sie Vorder- und Rückseite und Seitenteile blaugrün. Fügen Sie die Blätter in Hookers Grün hinzu. Nach dem Trocknen malen Sie die Birnen mit Kadmiumgelb und ihre Stiele mit Braun.

3 Vor dem Lackieren und Zusammenfügen (siehe gegenüberliegende Seite) alles trocknen lassen.

Vorlagen

Sägen Sie folgende Formen aus:

1 x Hebel
1 x Figur
2 x Vorder- und Rückseite
2 x Seitenteile

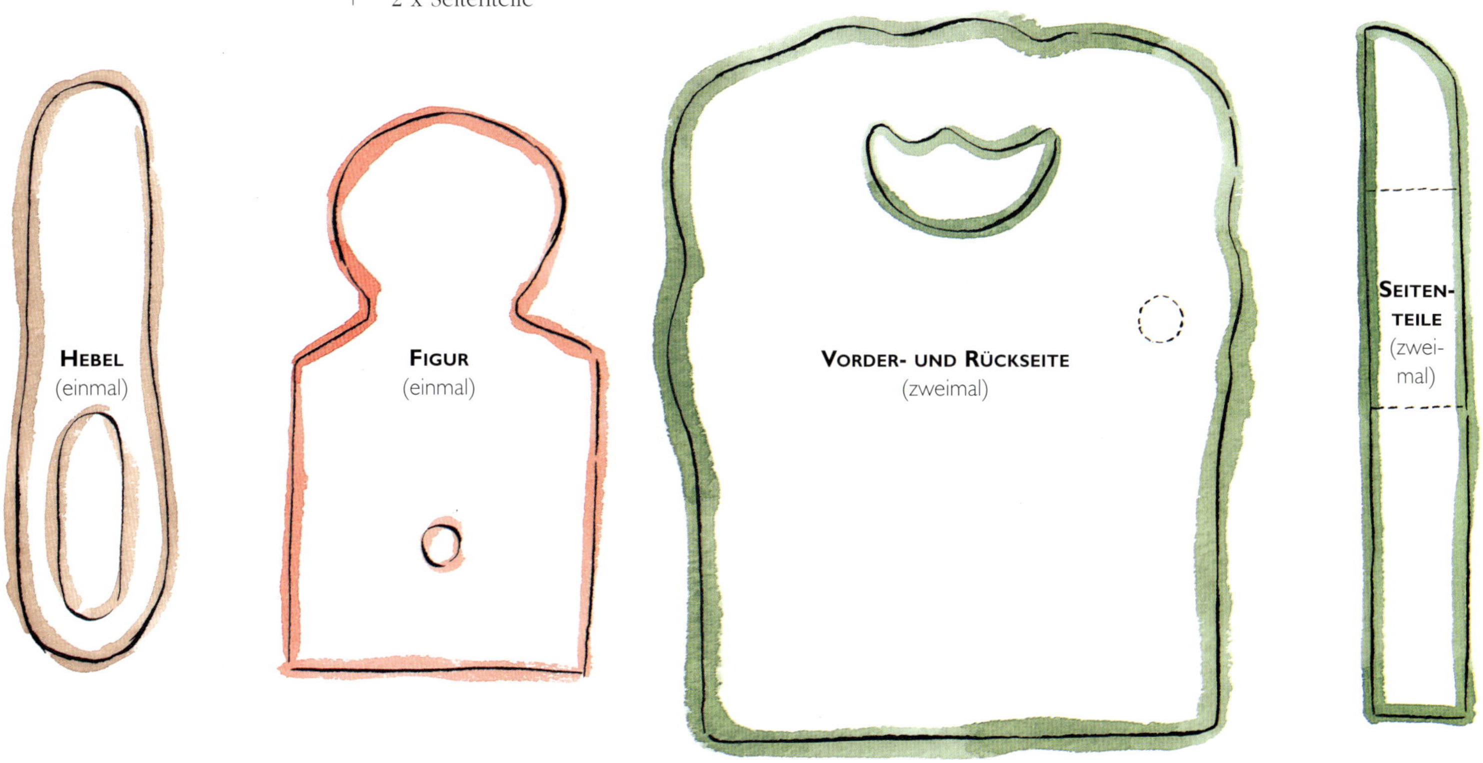

SIE BRAUCHEN

Materialien

25 x 150 mm Weichholz, 750 mm lang
Vier 100 mm lange Stücke Dübelstab, 18 mm stark, für die Haken

Werkzeug/Hilfsmittel

Handsäge
Mittelfeines und feines Sandpapier
Bleistift
Lineal
Bohrer mit 12-mm-Holzbohreinsatz
Hobbymesser
Holzleim

Farbpalette und Malutensilien

Weiße Acrylgrundierung
Gelbe Emulsionsfarbe
Künstleracrylfarben in folgenden Tönen:
- Saftgrün
- Lichter Ocker
- Kadmiumgelb
- Alizarin-Karmesin
- Kobaltblau
- Umbra natur
- Dioxazinpurpur
- Weiß

Wasserlöslicher Seidenglanzlack
Pauspapier
Mittelbreiter Lackierpinsel
Künstlerpinsel Größe 4
Dünner Schriftpinsel
Lasurpinsel

Kleiderleiste

Diese Kleiderleiste ist eine ideale Arbeit für alle, die gerne malen, aber nur über eine begrenzte Zahl an Werkzeugen verfügen. Die Größe der Leiste und die Zahl der Haken können Sie an Ihre Bedürfnisse anpassen.

1 Sägen Sie mit einer Handsäge in einer Entfernung von 40 mm von den oberen Ecken dreieckige Stücke ab, um der Kleiderleiste ihre Form zu geben. Schleifen Sie alle Kanten mit Sandpapier glatt und schrägen Sie sie dabei leicht an.

2 Zeichnen Sie für die Hakenlöcher vier 40 mm von der Unterkante entfernte Markierungen auf der Vorderseite ein. Die äußeren Löcher sollten 105 mm von den Außenkanten sein, die übrigen in einem Abstand von 164 mm zueinander. Bohren Sie mit einem 12-mm-Holzbohreinsatz die Löcher 20 mm tief.

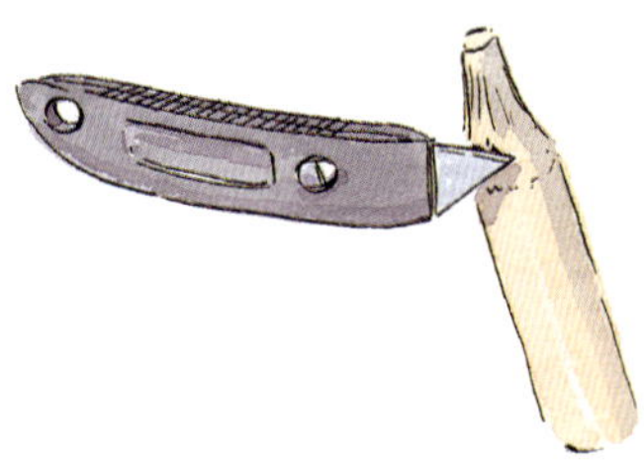

3 Spitzen Sie mit einem Messer die Dübel an einem Ende so zu, daß sie in die 12 mm breiten Löcher passen. Rauhen Sie die Seiten und Enden der Dübel so auf, daß sie an geschnitztes Holz erinnern. Bemalen Sie die Leiste und die Haken (siehe unten), lassen Sie den Lack vollständig trocknen und leimen Sie dann die Haken in die Löcher.

Farbtonprobe

	Kadmiumgelb	**Umbra natur**
Saftgrün	**Alizarin-Karmesin**	**Dioxazinpurpur**
Lichter Ocker	**Kobaltblau**	**Weiß**

Schritt für Schritt bemalen

1 Streichen Sie mit einem mittelbreiten Lackierpinsel die ganze Kleiderleiste mit weißer Acrylgrundierung und lassen Sie sie trocknen, ehe Sie einen Grundanstrich gelbe Emulsionsfarbe auftragen. Pausen Sie die Grundformen, die Sie verwenden wollen, von Seite 79 ab und übertragen sie aufs Holz.

2 Malen Sie den Hintergrund der Häuser in verschiedenen Farbtönen, fügen Sie dann die gröberen Details wie die Dächer hinzu. Wählen Sie Ihre eigenen Farben oder richten Sie sich nach den Vorlagen.

3 Fügen Sie mit einem feinen Schriftpinsel die Fenster, Türen und Einzelheiten an den Bäumen hinzu. Lassen Sie die Farbe nach jedem Schritt trocknen, damit Sie die Ränder nicht verwischen.

4 Bemalen Sie die Dübelhaken in der Haupt-Hintergrundfarbe, und fügen Sie sie dann in die Löcher ein, wie oben in Schritt 3 beschrieben.

5 Wenn Sie zufrieden sind, tragen Sie zum Abschluß zwei Schichten Lack auf die Leiste auf.

VORLAGEN

Vergrößern Sie, falls gewünscht, die Vorlagen auf einem Kopierer und pausen Sie die Grundformen ab, die Sie verwenden wollen.

Geldbox

Die Geldbox sieht so authentisch alt aus, daß sie fast eine Fälschung ist! Die Konstruktion ist einfach, macht aber Spaß und bietet Spielraum für einige Feinheiten – wie das Aussägen des Einwurfschlitzes und das Abschrägen der Deckelkanten.

SIE BRAUCHEN

MATERIALIEN

19 mm starkes Weichholz, zugesägt auf folgende Maße:
- zweimal 125 x 92 mm für die Seitenteile
- zweimal 125 x 225 mm für Vorder- und Rückseite
- einmal 239 x 144 mm für den Deckel
- einmal circa 187 x 92 mm für den Boden (passend zugesägt)

Circa 9 x 9 mm starke viertelrunde Zierleiste, 900 mm lang, für die Bodenumrandung

3 mm starkes Sperrholz, 50 x 80 mm, für die Abdeckung des Eingriffs

WERKZEUG/HILFSMITTEL

Bleistift
Lineal
Anschlagwinkel
Holzrest
Bügelschraubzwingen oder Schraubstock
Handbohrer
Stich- oder Bügelsäge
Mittelfeines und feines Sandpapier
Holzleim
Stiftnägel
Hammer
Rückensäge
Hobel oder mittelgrobe halbrunde Feile
Gehrungslade
2 Holzschrauben
Schraubenzieher

1 Die Öffnung in der Rückwand mißt 30 x 60 mm; zeichnen Sie sie mit einem Anschlagwinkel 20 mm von der Unterkante entfernt mittig ein. Zum Aussägen der Form können Sie einen Holzrest unter das Werkstück legen, um Ihre Arbeitsfläche zu schützen. Klemmen Sie es mit Schraubzwingen sicher fest. Bohren Sie ein Loch in eine der Ecken, führen Sie dann das Blatt der Stich- oder Bügelsäge in das Loch ein und sägen Sie die Öffnung aus. Achten Sie dabei darauf, daß Sie der Bleistiftmarkierung folgen.

2 Als nächstes markieren Sie den Geldeinwurfschlitz in der Mitte des Deckels 8 x 60 mm groß mit gerundeten Ecken. Zum Aussägen des Schlitzes bohren Sie zuerst in jede Ecke ein Loch, um die gerundeten Ecken zu erhalten. Schützen Sie Ihre Arbeitsfläche dabei mit einem Holzrest. Spannen Sie den Deckel in einen Schraubstock, führen Sie das Sägeblatt durch eines der Löcher ein und sägen Sie die Form aus. Glätten Sie alle Kanten mit Sandpapier.

3 Fügen Sie die vier Seiten der Box zusammen. Setzen Sie dabei die kurzen Seitenteile zwischen die Vorder- und Rückseite. Leimen Sie die Kanten zusammen und sichern Sie alles mit Stiftnägeln.

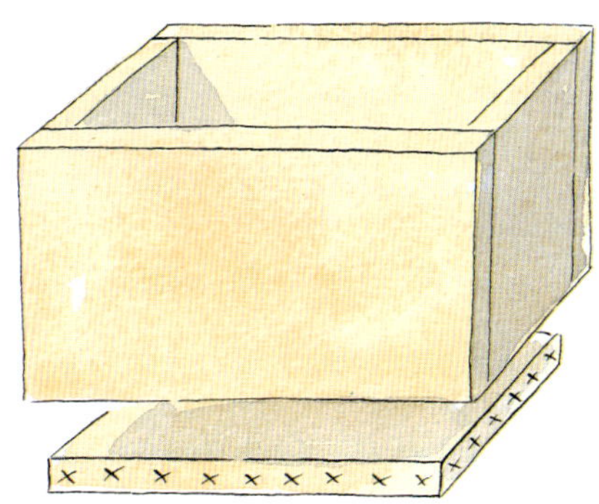

4 Sägen Sie den Boden zu. Fügen Sie ihn dann so ein, daß er mit den Unterkanten der zusammengefügten Seitenwände bündig abschließt. Leimen Sie ihn fest und sichern Sie ihn von außen mit Stiftnägeln.

5 Schrägen Sie alle vier Kanten mit einem Hobel oder einer Feile ab (siehe rechts). Schmirgeln Sie sie dann mit mittelfeinem und feinem Sandpapier ab, um eine glatte Oberfläche zu erzielen.

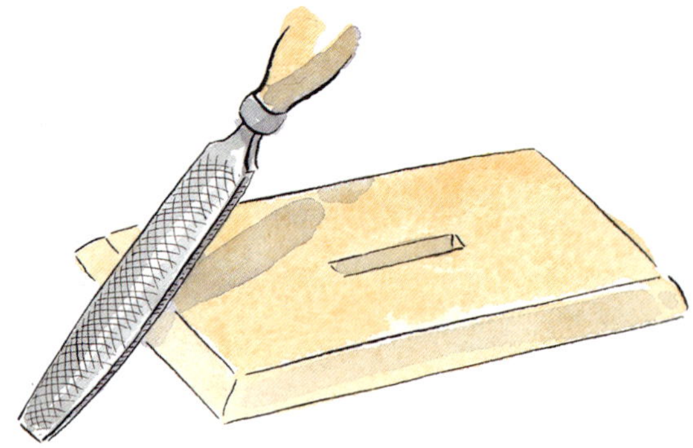

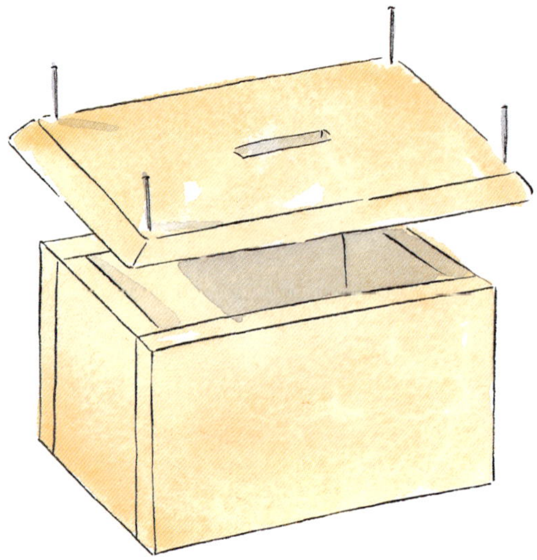

6 Tragen Sie als nächstes Holzleim auf die Oberkanten der Vorder- und Rückseite sowie der Seitenwände auf. Legen Sie den Deckel oben auf die Mitte der Box. Er soll an allen vier Seiten gleichermaßen 7 mm überstehen. Schließlich schlagen Sie an allen vier Ecken zur zusätzlichen Verstärkung Stiftnägel durch den Deckel in die Seitenteile.

7 Nehmen Sie die viertelrunden Zierleisten zur Hand, und teilen Sie sie in vier Stücke, die rund um die Seiten der Box passen. Mit Hilfe einer Gehrungslade und einer Rückensäge sägen Sie beide Enden jeder Leiste im 45°-Winkel ab, so daß sie an den Eckverbindungen genau zusammenpassen. Tragen Sie um die Unterkanten der Box herum Holzleim auf und leimen Sie die vier Zierleistenstücke bündig mit dem Boden fest.

8 Klemmen Sie die Sperrholzabdeckung über der hinteren Öffnung fest. Bohren Sie dann links und rechts der Öffnung jeweils ein Loch durch Abdeckung und Rückwand. Das Sperrholzstück kann nun angeschraubt und mühelos wieder entfernt werden, wenn Sie an Ihr Geld gelangen wollen! Schrauben Sie die Abdeckung erst an, wenn die Box bemalt und vollständig getrocknet ist (siehe gegenüberliegende Seite).

FARBPALETTE UND MALUTENSILIEN

Schellack
Künstlerölfarben in folgenden Tönen:
- Schwarz
- Chromoxydgrün
- Goldocker
- Venezianischrot

Polyurethan-Seidenglanzlack
Krakeleelack
Terpentin
Antiklack Eiche dunkel
Flacher weißer Behälter zum Anmischen
Zirkel
Schriftpinsel Größe 2 und 6 mit langen Haaren
Lappen
Weiches Tuch
Lasurpinsel

SCHRITT FÜR SCHRITT BEMALEN

1 Versiegeln Sie das Holz mit einer Schicht Schellack. Tragen Sie die dunkelgrüne Untergrundfarbe in drei Schichten auf. Lassen Sie zwischen jeder Schicht ausreichend Zeit zum Trocknen.

2 Verwenden Sie einen Zirkel, um die Eckbögen einzuzeichnen, und zeichnen dann mit Bleistift und Lineal den Rest des Feldes ein. Wiederholen Sie dies auf den Seitenteilen und dem Deckel.

3 Malen Sie mit einem Schriftpinsel Größe 6 die breite Mittellinie in Goldocker. Heben Sie sich Ihre sichersten Striche für den exponiertesten Teil auf.

4 Malen Sie die dünneren Linien mit dem Schriftpinsel Größe 2 in Venezianischrot auf, je eine zu jeder Seite der breiten gelben Linie.

5 Schließlich malen Sie die Verzierungen mit einem Schriftpinsel Größe 2 in Venezianischrot auf, wobei Sie die Verzierungen auf der gegenüberliegenden Seite verwenden können. Lassen Sie alles ausgiebig trocknen, bevor Sie den Lack auftragen.

ENDBEARBEITUNG

1 Bedecken Sie die Farbe mit einer Schicht Polyurethan-Seidenglanzlack. Tragen Sie dann den Krakeleelack nach Angaben des Herstellers auf. Nach dem Trocknen tragen Sie ein wenig Ölfarbe Umbra natur auf einen Lappen auf und reiben sie in die Oberfläche der Box ein. Lassen Sie alles etwa eine halbe Stunde antrocknen und reiben Sie dann die Farbe vorsichtig mit einem weichen, leicht mit Terpentin befeuchteten Tuch ab.

2 Tragen Sie zwei weitere Schichten Polyurethanlack auf und lassen Sie alles über Nacht trocknen, bevor Sie die Box mit Antiklack Eiche dunkel versiegeln.

3 Wenn der Lack trocken ist, schrauben Sie die Abdeckung der hinteren Öffnung fest.

FARBTONPROBE

Dunkelgrün
3 Teile Schwarz
1 Teil Chromoxydgrün

Goldocker

Venezianischrot

Puppenhaus

Ein gutes altes Pupenhaus hat etwas Gemütliches an sich. Dieses ist einem viktorianischen Vorbild nachempfunden und für Kinder der ideale Zeitvertreib an langen Winterabenden.

SIE BRAUCHEN

Materialien

Genug 10 mm starke mitteldichte Holzfaserplatten, um folgende Teile zuzusägen:
- zweimal 435 x 283 mm für die Seitenwände
- einmal 300 x 500 mm für die Rückwand
- einmal 484 x 285 mm für den Boden
- zweimal 260 x 220 mm für die Fronttteile

5 mm starke mitteldichte Holzfaserplatte, auf folgende Maße zugesägt:
- einmal 530 x 225 mm für die Dachvorderseite
- einmal 530 x 220 mm für die Dachhinterseite

Zweimal 20 x 20 mm Weichholz, 350 mm lang, für die hinteren Eckstützen
Zweimal 10 x 30 mm Weichholz, 350 mm lang, für die vorderen Eckstützen
Zweimal 20 x 20 mm Weichholz, 350 mm lang, für die vorderen Eckstützen
20 x 30 mm Weichholz, 435 mm lang, für die vordere Querstrebe
Zweimal 30 x 30 mm Weichholz, 40 mm lang, für die Schornsteine
45 mm Weichholzwürfel, diagonal halbiert, für die Erkerfenster
Zwei 50 mm Dreikantleisten, 65 mm lang, für die Erkerdächer
16 mm Winkelleiste, 530 mm lang, für den Dachfirst
2 x 12,5 mm Weichholz, 2,5 m lang, für die Details an Tür und Fenstern
Zwei klare Plexiglasscheiben, 150 x 130 mm, für die Fenster
Zwei 12 mm Holzdübel, 20 mm lang, für die Schornsteinköpfe
Kleiner Türknauf (mit Schraube)

1 Sägen Sie mit Hilfe der Vorlagen auf Seite 89 die Teile aus. Die Oberkante der Rückwand ist gegehrt zuzuschneiden, um die Dachschräge auszugleichen. Die Rückwand mißt an der äußeren Kante 290 mm, an der inneren 300 mm. Leimen Sie die Seitenteile an die Rückwand. Sichern Sie mit Schraubzwingen, wenn der Leim bindet. Schlagen Sie Stiftnägel durch die Rückwand in die Seite.

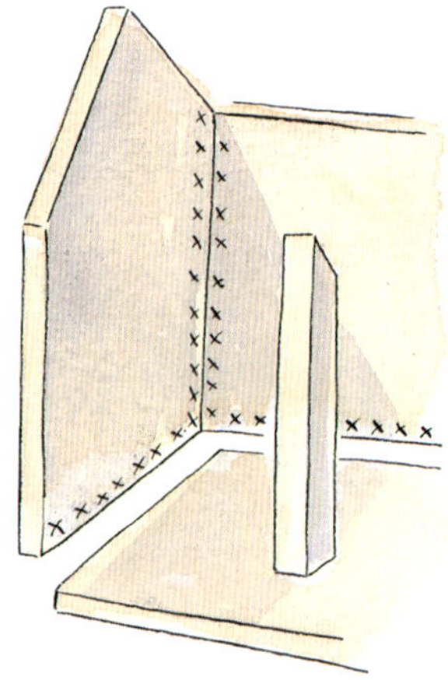

2 Sägen Sie den Boden aus und leimen und nageln Sie ihn dann innerhalb der Seitenwände und der Rückwand fest. Zeichnen Sie entsprechend der Dachschräge den Gehrungswinkel auf. Sägen Sie die Eckstützen mit Gehrungslade und Rückensäge entlang dieser Linien ab und leimen Sie sie fest.

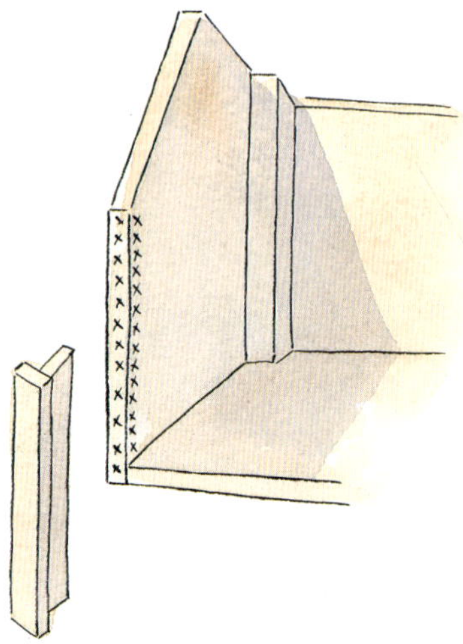

3 Leimen Sie die zwei Teile der vorderen Eckstützen in der dargestellten Form zusammen, wobei die inneren 20 x 20 mm starken Teile kürzer sind als die äußeren, damit sie auf dem Boden aufliegen. Schrägen Sie die oberen Enden der Eckstützen so ab, daß sie wie in Schritt 2 mit der Dachschräge übereinstimmen. Leimen Sie sie fest.

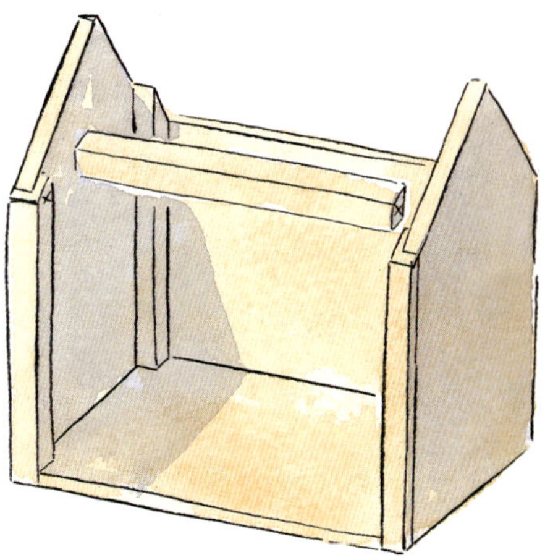

4 Setzen Sie die vordere waagrechte Querstrebe so zwischen die Seitenwände, daß ihre Unterkante 260 mm vom Boden entfernt ist. Zeichnen Sie die Gehrungslinie entlang der Strebe ein. Lassen Sie die Strebe bündig mit dem schrägen Dach abschließen. Leimen Sie die Strebe fest. Nageln Sie von außen je einen Stiftnagel in die Enden, um zusätzlichen Halt zu geben.

WERKZEUG/HILFSMITTEL

Pauspapier
Bleistift
Rückensäge
Gehrungslade
Holzleim oder Heißklebepistole mit Holzleimpatronen
Stiftnägel
Hammer
Bügelschraubzwingen
Hobel oder halbrunde Feile
Lineal
Hobbymesser
Bohrer mit 12 mm breitem Spiralbohreinsatz
Stich- oder Bügelsäge
Beitel
Holzhammer
Reibahle
Schraubenzieher
2 Scharniere
Mittelfeines und feines Sandpapier

5 Zeichnen Sie die Position der Fenster auf den beiden Frontteilen entsprechend der gestrichelten Linien auf den Schablonen ein. Ritzen Sie die Linien mit einem Messer ein. Bohren Sie ein Loch für das Sägeblatt. Sägen Sie die Fenster mit einer Stich- oder Bügelsäge aus.

6 Zeichnen Sie eine 3 mm breite Umrandung um jedes Fenster ein. Tragen Sie diese mit einem Beitel bis zu der Tiefe ab, die der Stärke des Plexiglases entspricht.

7 Schneiden Sie mit einem Messer die Plexiglasscheiben zu, so daß sie in die Aussparungen passen. Dann schneiden Sie die Fensterrahmen aus den 2 x 12,5 mm großen Holzleisten. Legen Sie das Plexiglas in die Fenster und leimen Sie die Streifen für die Rahmen darüber an ihren Platz.

8 Wenn die Frontteile an ihrem Platz montiert sind, können Sie sie aufklappen, um ans Innere des Puppenhauses zu gelangen.

9 Für die Haustür sägen Sie den Rest der 2 x 12,5 mm messenden Weichholzleiste in vier 210 mm und acht 20 mm lange Teile. Fügen Sie die Tür zusammen, indem Sie die Streifen an den inneren Kanten auf die Frontteile leimen (siehe rechts) und dabei die kürzeren Streifen zwischen die längeren setzen. Bohren Sie mit einer Reibahle ein Führungsloch für den Türknauf in die rechte Türhälfte. Schrauben Sie diesen hinein.

10 Zeichnen Sie die Position der Scharniere an den Außenkanten der Frontteile und an den Eckstützen ein. Ritzen Sie mit einem Messer die Umrisse ein und tragen Sie dann das Holz bis zur Stärke der Scharniere ab, um eine Aussparung zu erhalten. Schrauben Sie dann die Scharniere an ihren Platz.

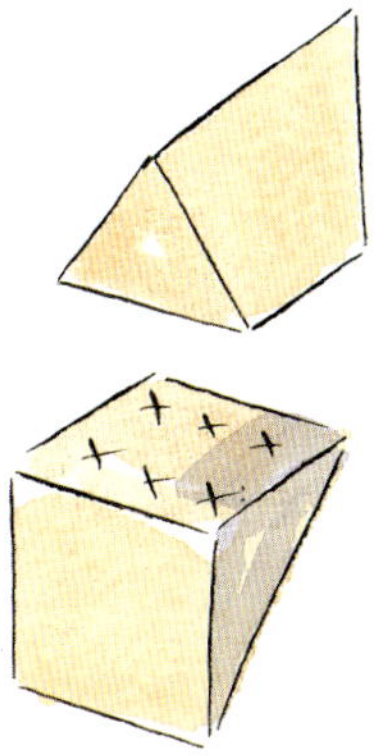

11 Für die Erkerfenster sägen Sie die zwei Stücke der Dreikantleiste so zu, daß sie sich den 45 mm breiten Würfelhälften und dem 45°-Winkel des Daches anpassen. Leimen Sie sie so zusammen, daß die Dächer sie gleichmäßig überragen. Leimen Sie dann die Erkerfenster auf die vordere Dachhälfte.

12 Lassen Sie die hintere Dachhälfte gegen die vordere Hälfte stoßen und leimen Sie sie an. Sichern Sie die Verbindung mit Stiftnägeln. Die Stoßfuge soll rechtwinklig sein. Setzen Sie das Dach auf das Haus und tragen Sie entlang der Kanten, auf denen es aufliegt, Holzleim auf. Das Dach sollte an allen Seiten gleichmäßig 12 mm überstehen.

13 Bohren Sie ein 12 mm breites Loch in jeden Schornstein und fügen Sie in jeden einen 20 mm langen Holzdübel ein. Sägen Sie einen Keil aus der Unterseite der Schornsteine, so daß sie auf dem First aufsitzen. Sägen Sie die Winkelleiste in drei Teile, die auf den First passen. Lassen Sie noch Platz für die Schornsteine. Leimen Sie Leisten und Kamine so auf den First, daß sie zusammenstoßen.

14 Glätten Sie alle geraden Ecken und Kanten mit Sandpapier, so daß sie eine angenehm gerundete Form erhalten.

Farbpalette und Malutensilien

Oxydrote Grundierung
Künstleracrylfarben in folgenden Tönen:
- Weiß
- Siena natur
- Kadmiumgelb dunkel
- Lichter Ocker
- Ultramarin
- Umbra natur
- Rotocker

Wasser
Wasserlöslicher Seidenglanzlack
Antikwachspolitur Eiche
Flacher weißer Behälter zum Anmischen
Breiter Lackierpinsel
Mittelbreiter Künstlerpinsel
Feiner Schriftpinsel
2 Radiergummis
Klebeband zum Abdecken
2 Pappstreifen, 40 und 58 mm breit
1 Lappen
Weiche Bürste
Weiches Tuch

Farbtonprobe

Orangebraun
3 Teile Weiß
2 Teile Siena Natur
2 Teile Kadmiumgelb dunkel

Dunkle Cremefarbe
1 Teil Lichter Ocker
1 Teil Weiß

Cremeweiß
1 Teil dunkle Cremefarbe (siehe oben)
1 Teil Weiß
1 Teil wasserlöslicher Lack

Schiefer
2 Teile Ultramarin
1 Teil Umbra natur

Naturweiß
3 Teile Weiß
1 Teil Lichter Ocker

Rotocker

Schritt für Schritt bemalen

1 Tragen Sie mit einem breiten Lackierpinsel auf das Puppenhaus gleichmäßig oxydrote Grundierung auf. Über Nacht trocknen lassen.

2 Bemalen Sie mit der orangebraunen Wandfarbe alle Außenwände und die Teile der Frontseite. Lassen Sie alles trocknen und tragen Sie dann eine zweite Schicht auf.

3 Bemalen Sie mit dem mittelbreiten Künstlerpinsel in dunkler Cremefarbe Fensterrahmen und Tür, dann die Innenwände mit dem breitesten Pinsel. Vor dem zweiten Auftragen trocknen lassen.

4 Streichen Sie das Dach mit dem breitesten Pinsel an. Die Dachfarbe ist deckend, somit ist nur ein Anstrich notwendig. Wenn Sie wollen, dunkeln Sie die Mischung mit einem Spritzer Rotocker ab und bemalen mit einem mittelbreiten Künstlerpinsel den First und die Erkerdächer. Über Nacht gründlich trocknen lassen.

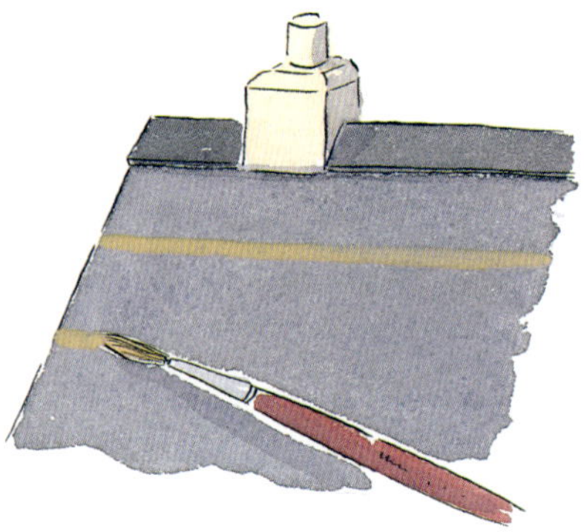

5 Fertigen Sie sich eine erhöhte Schiene von der Länge des Daches an, indem Sie mit Klebeband zwei Radiergummis an den Enden eines Lineals befestigen. Auf diese Weise soll gewährleistet werden, daß das Lineal so über der Dachoberfläche liegt, daß der metallene Teil des Pinsels an der geraden Kante des Lineals entlanggleitet. Die Radierer verhindern ein Rutschen, also bedecken Sie ihre Unterseite auf keinen Fall mit Klebeband.

6 Malen Sie das Muster des Daches mit Cremeweiß auf. Verdünnen Sie die Farbe dabei mit Wasser, damit sie leicht fließt.

7 Malen Sie ebenso mit Rotocker Mauerfugen auf die Außenwände des Hauses auf. Die waagrechten Linien sind 58 mm voneinander entfernt; beginnen Sie am Boden und arbeiten Sie sich nach oben. Orientieren Sie sich an dem erhöhten Lineal. Wenn alles trocken ist, fügen Sie die senkrechten Linien hinzu. Dann malen Sie die Schornsteine mit Rotocker an.

8 Teilen Sie die Fenster mit Naturweiß und einem feinem Schriftpinsel in vier Scheiben.

9 Wenn die Farbe trocken ist, schleifen Sie die Bemalung an einigen Stellen leicht an.

10 Reiben Sie mit einem Lappen Antikwachspolitur „Eiche“ auf die gesamte Oberfläche des Puppenhauses. Tragen Sie das Wachs sparsam auf. Polieren Sie zunächst mit einer weichen Bürste, dann mit einem weichen Tuch, um starken Glanz zu erreichen.

VORLAGEN

Vergrößern Sie die Schablonen auf einem Kopierer auf 300 % und schneiden Sie folgende Formen aus:

1 x Rückwand
2 x Frontteile
2 x Seitenwände

Dekoratives

LES VOILIERS
KETCH

LES VOILIERS
KETCH
SUCRE
COSUMAR

BILDERRAHMEN

Jeder dieser drei Rahmen ist auf eine andere Weise bearbeitet worden. Die Rahmen sind recht einfach herzustellen, man muß aber sehr genau sein beim Ausmessen, Zusägen und Gehren.

Bilderrahmen im Treibholz-Look

1 Verwenden Sie Weichholz, das bereits eine Nut aufweist, die das Bilderglas fixieren kann. Sägen Sie mit Gehrungslade und Rückensäge das Weichholz in zwei 305 mm lange und zwei 210 mm lange Stücke. Geben Sie den Enden eine 45°-Gehrung.

2 Leimen Sie die angrenzenden Enden zu einem flachen Rahmen zusammen. Klemmen Sie die Ecken mit Gehrungszwingen fest bis der Leim gebunden hat. Fixieren Sie die Eckverbindungen mit Wellennägeln, bevor Sie die Zwingen entfernen.

3 Bemalen Sie den Rahmen nach den „Bemalungsschritten“ (rechts).

4 Schneiden Sie die Hartfaserplatte für die Rückseite zu. Lassen Sie einen Glaser das Bilderglas fürs Innere zuschneiden. Sichern Sie die Hartfaserplatte mit metallenen Rahmenklammern nach Weisung des Herstellers.

Aufhängen

Bringen Sie die Ringschrauben und Ösen auf der Rückseite links und rechts an. Führen Sie Bilderdraht durch die Ringhalterungen und und befestigen Sie das lose Ende, indem Sie es mehrmals um den restlichen Draht wickeln.

SIE BRAUCHEN

Materialien

1,25 m genutetes Holz (Rahmen), 19 x 50 mm stark
Hartfaserplatte, ca. 205 x 110 mm (Rückwand) (passend zugeschnitten)
Bilderglas, passend zugeschnitten

Werkzeug/Hilfsmittel

Gehrungslade
Rückensäge
Holzleim
Gehrungszwingen oder Leistenspanner
4 Wellennägel
Hammer
4 metallene Rahmenklammern
2 Ringschrauben mit Ösen
Bilderdraht

Farbpalette und Malutensilien

Weiße Acrylgrundierung
Künstlerölfarbe gebrannte Umbra
Wachspolitur
Breiter Künstlerpinsel
Mittelfeines und feines Sandpapier
3 weiche Tücher

Schritt für Schritt

Bemalen

1 Tragen Sie mit einem breiten Künstlerpinsel weiße Acrylgrundierung auf. Trocknen lassen.

2 Schleifen Sie den Rahmen mit Sandpapier ab; runden Sie dabei die Ecken leicht ab, so daß ein Teil der Maserung sichtbar wird.

3 Reiben Sie mit einem weichen Tuch etwas Künstlerölfarbe gebrannte Umbra auf die Oberfläche. Machen Sie an einigen Stellen leichte durchgehende Farbstreifen. Trocknen lassen.

4 Reiben Sie mit klarer Wachspolitur den Rahmen ein, bis der richtige Glanz erreicht ist.

SIE BRAUCHEN

MATERIALIEN

1,35 m Weichholz, 19 x 50 mm stark
2,25 m hölzerne Zierleiste, 12 x 25 mm
Hartfaserplatte, ca 205 x 155 mm, für die Hinterwand (passend zugeschnitten)
Bilderglas, passend zugeschnitten

WERKZEUG/HILFSMITTEL

Gehrungslade
Rückensäge
Holzleim
Gehrungszwingen oder Leistenspanner
4 Wellennägel
Hammer
Lineal
4 metallene Rahmenklammern
2 Ringschrauben mit Ösen
Bilderdraht

FARBPALETTE UND MALUTENSILIEN

Rotocker-Emulsionsfarbe
Goldleim
Blattgoldersatz
Krakeleelasur
Künstlerfarbe Chromoxydgrün
Terpentinersatz
Schellack
Polyurethan-Seidenglanzlack
Breiter Künstlerpinsel
Stahlwolle
2 weiche Tücher
1 Lasurpinsel
Feines Sandpapier

RAHMEN IN ROT UND GOLD

1 Zersägen Sie mit Gehrungslade und Säge das Weichholz in zwei 305 mm und zwei 255 mm lange Stücke mit einer 45°-Gehrung

2 Leimen Sie die vier Holzteile zu einem flachen Rahmen zusammen. Pressen Sie die Enden mit Gehrungszwingen zusammen und verstärken Sie die Verbindungen mit Wellennägeln.

3 Zerteilen Sie mit Gehrungslade und Rückensäge die hölzerne Zierleiste in zwei 330 mm und zwei 280 mm lange Stücke. Gehren Sie die Ecken so, daß sie rund um den Außenrand des Rahmens passen. Sägen Sie die restliche Zierleiste in zwei 205 mm und zwei 155 mm lange Teile, die Sie an die Innenkante anlegen.

4 Leimen Sie die Zierleiste entlang der äußeren Kanten an. Sie schließt bündig mit der Rückseite des Rahmens ab, so daß sie vorne übersteht.

5 Leimen sie den Rest der Zierleiste entlang der Innenkanten an. Entfernen Sie die Leiste diesmal aber 5 mm vom hinteren Rand des Rahmens, so daß sie 11 mm über die Vorderseite des Rahmen hinausragt. Dieser erhöhte Innenrand bildet eine Nut, die später das Glas hält. Bemalen Sie den Rahmen nach den „Bemalungsschritten" (rechts).

6 Schneiden Sie die Hartfaserplatte zu. Lassen Sie das Bilderglas vom Glaser schneiden. Befestigen Sie es mit Rahmenklammern aus Metall und bringen Sie zum Aufhängen den Bilderdraht an.

SCHRITT FÜR SCHRITT BEMALEN

1 Tragen Sie mit einem breiten Künstlerpinsel eine Schicht Rotocker-Emulsionsfarbe auf den gesamten Rahmen auf.

2 Bestreichen Sie nach dem Trocknen Vorderseite und seitliche Kanten mit Goldleim.

3 Drücken Sie den Blattgoldersatz stückweise auf die klebrige Oberfläche des Rahmens auf. Plazieren Sie die Blätter so, daß sich feine Risse ergeben, an denen der rotockerfarbene Untergrund zu sehen ist.

4 Reiben Sie, wenn Sie den ganzen Rahmen bedeckt haben, überschüssiges Blattgold mit Stahlwolle ab und polieren Sie mit einem weichen Tuch.

5 Tragen Sie nach den Weisung des Herstellers zwei Schichten Krakeleelack auf. Trocknen lassen.

6 Gießen Sie etwas chromoxydgrüne Künstlerölfarbe auf ein weiches Tuch. Reiben Sie sie gut in die Risse ein.

7 Befeuchten Sie das weiche Tuch leicht mit Terpentinersatz und reiben Sie dann die chromoxydgrüne Farbe vollständig von der Oberfläche ab. In den Rissen bleibt die Farbe sichtbar.

8 Tragen Sie eine Schicht Schellack auf. Versiegeln Sie die Oberfläche nach dem Trocknen mit mehreren Lackschichten und schleifen Sie sie zwischen den Anstrichen mit feinem Sandpapier ab.

TIEFER QUADRATRAHMEN

1 Teilen Sie mit Gehrungslade und Rückensäge das schmalere Weichholz in vier gleiche 150 mm lange Stücke mit einer Gehrung von 45°. Leimen Sie die Teile an den Ecken zum flachen Vorderteil des Rahmens zusammen. Klemmen Sie die Teile mit Schraubzwingen zusammen, bis der Leim gebunden hat und verstärken Sie die Verbindungen mit Wellennägeln.

2 Zerteilen Sie mit Gehrungslade und Rückensäge das 12,5 x 38 mm starke Weichholz in vier gleiche 150 mm lange Stücke mit einem Gehrungswinkel von 45°. Diese Teile ergeben den tiefen Kasten auf der Rückwand des flachen Rahmens.

3 Verleimen Sie die vier Seiten. Klemmen Sie die Ecken zusammen bis der Leim gebunden hat. Schlagen Sie dann zur Verstärkung Stiftnägel in die Verbindungen ein.

4 Klemmen Sie das flache Rahmenvorderteil auf dem tiefen Kasten fest bis der Leim fest ist.

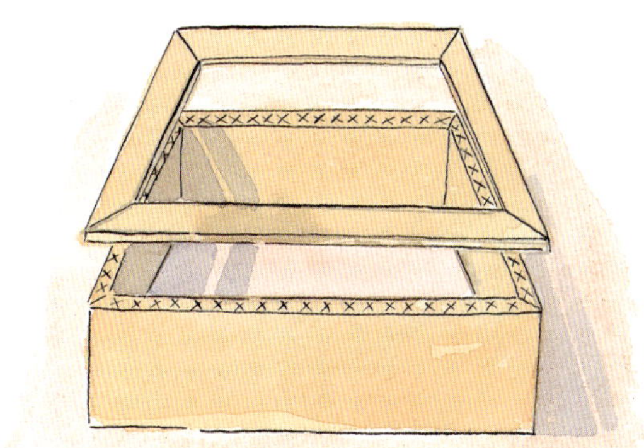

5 Bemalen Sie den Rahmen nach den „Bemalungsschritten" (rechts).

6 Sägen Sie die Hartfaserplatte zu. Lassen Sie den Glaser das Bilderglas schneiden. Befestigen Sie es mit Rahmenklammern. Nehmen Sie Bilderdraht zum Aufhängen.

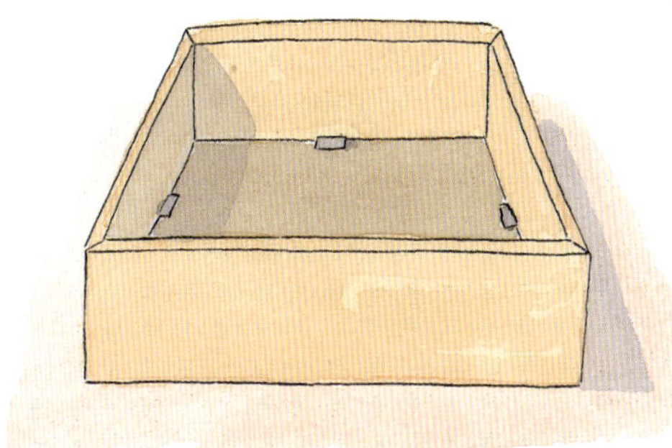

SIE BRAUCHEN

MATERIALIEN

12,5 x 25 mm starkes Weichholz, 800 mm lang, für das Vorderteil
12,5 x 38 mm starkes Weichholz, 800 mm lang, für die Seitenteile
Hartfaserplatte, circa 125 x 125 mm lang, für die Rückwand (passend zugeschnitten)
Bilderglas, passend zugeschnitten

WERKZEUG/HILFSMITTEL

Rückensäge
Gehrungslade
Holzleim
4 Gehrungszwingen oder Leistenspanner
4 Wellennägel
Hammer
Stiftnägel
Bügelschraubzwingen
4 metallene Rahmenklammern
2 Ringschrauben mit Ösen
Bilderdraht

FARBPALETTE UND MALUTENSILIEN

Rotocker-Emulsionsfarbe
Goldpaste
Breiter Künstlerpinsel
Mittelfeines Sandpapier
2 weiche Tücher

SCHRITT FÜR SCHRITT BEMALEN

1 Streichen Sie die Vorder- und Seiten- sowie die Innenkanten mit Rotocker-Emulsionsfarbe.

2 Rauhen Sie die trockene Oberfläche mit Sandpapier an.

3 Reiben Sie Goldpaste mit einem Tuch gut ein, so daß stellenweise die rote Farbe zu sehen ist.

4 Polieren sie den Rahmen nach dem Trocknen.

FIGUREN

Bemalte Zierfiguren aus Holz sind typisch für europäische Volkskunst, können maßstabsgetreu vergrößert oder verkleinert und dementsprechend an die Wand gehängt oder als Christbaumschmuck verwendet werden.

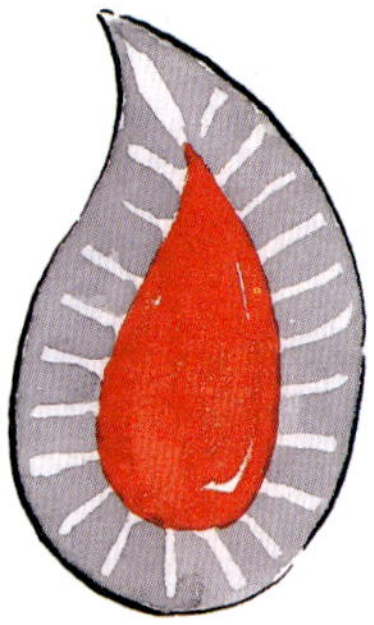

SIE BRAUCHEN

MATERIALIEN

1 Sperrholzplatte, 3 mm Güteklasse A (beste Qualität)

WERKZEUG/HILFSMITTEL

Pauspapier
Bleistift
Bügelschraubzwingen
Stichsäge
Mittelfeines und feines Sandpapier
Holzleim

FARBPALETTE UND MALUTENSILIEN

Weiße Acrylgrundierung
Künstleracrylfarben in folgenden Tönen:
- Gebranntes Siena
- Schwarz
- Siena natur
- Weiß
- Lichter Ocker
- Ultramarin
- Gebrannte Umbra
- Kadmiumrot
- Zinnoberrot
- Hookers Grün
- Kadmiumgelb
- Kobaltblau
- Umbra natur
- Venezianischrot
- Chromoxydgrün stumpf
- Goldocker

Wasser
Wasserlöslicher Seidenglanzlack
Flacher weißer Behälter zum Anmischen
Künstlerpinsel Größe 2, 4 und 6
Kleiner flacher Lasurpinsel

1 Vergrößern Sie die Tierschablonen auf Seite 98–99 bei Bedarf mit einem Kopierer. Übertragen Sie sie dann auf das Sperrholz. Lassen Sie zwischen den einzelnen Schablonen genug Platz zum Sägen.

2 Klemmen Sie das Sperrholz mit Schraubzwingen an einer Tischplatte oder Werkbank fest und sägen Sie die Formen mit einer Stichsäge aus.

3 Glätten Sie alle rauhen Kanten zuerst mit mittelfeinem, dann mit feinem Sandpapier.

4 Streichen Sie die Dekorationsfiguren mit weißer Acrylgrundierung. Trocknen lassen. Zeichnen Sie die Konturen der gröberen Muster mit Bleistift vor. Malen Sie die Untergrundfarben auf. Nach dem Trocknen fügen Sie detaillierte Verzierungen anhand der Vorlagen hinzu. Fahren Sie Rumpf- und Flügelteile, Geweih, Füße und Schwanzfedern mit einer gemäßigten Farbe nach. Trocknen lassen. Tragen Sie zuletzt zwei Schichten wasserlöslichen Seidenglanzlack nach Weisung des Herstellers auf.

5 Für die Vögel plazieren Sie die Flügel auf den Rumpf. Bestreichen Sie die Berührungsfläche mit Leim. Klemmen Sie Flügel und Rumpf mit Schraubzwingen zusammen.

FARBTONPROBEN

HIRSCH RECHTS

Dunkelbraun (Umrisse)
2 Teile gebranntes Siena
1 Teil Schwarz

Braun (Geweih)
(über gelbem Grundanstrich)
1 Teil Siena natur
1 Teil Wasser

Cremeweiß (Kopf und Beine)
2 Teile Weiß
1 Teil lichter Ocker

Gelb (Rumpf/Geweih)
1 Teil Siena natur
1 Teil lichter Ocker

Hellblau (Verzierungen)
3 Teile Ultramarin
3 Teile Weiß
1 Teil gebrannte Umbra

Dunkelblau (Verzierungen)
3 Teile Ultramarin
1 Teil Weiß
1 Teil gebrannte Umbra

Weiß (Verzier.)

VORLAGEN

Vergrößern Sie die Vorlagen bei Bedarf mit einem Kopierer und schneiden Sie die Formen wie folgt aus:

Je 1 x Rumpf
Je 2 x Flügel

GRÜNKÖPFIGER VOGEL UNTEN

Dunkelbraun (Umrisse)
2 Teile gebranntes Siena
1 Teil Schwarz

Rot (Schnabel/Schwanzfeder)
1 Teil Kadmiumrot
1 Teil Zinnoberrot

Grün (Kopf/Schwanzfeder)
1 Teil Hookers Grün
1 Teil Kadmiumgelb

Cremeweiß (Auge/Flügel)
2 Teile Weiß
1 Teil lichter Ocker

Blau (Flügelstreifen/ Schwanzfeder)
3 Teile Kobaltblau
1 Teil Umbra natur

Gelb (Grundfarbe Rumpf)
1 Teil Siena natur
1 Teil lichter Ocker

Blaßorange (Federn an Rumpf und Beinen)
1 Teil gebranntes Siena
1 Teil Wasser

Gelb (Schwanzfeder)
1 Teil Siena natur
1 Teil lichter Ocker

Rosa (Schwanzfeder)
1 Teil Kadmiumrot
1 Teil Zinnoberrot
1 Teil Weiß

Papagei rechts

Braun (Umrisse)
2 Teile Venezianischrot
1 Teil Siena natur

Blau (Kopf und Füße)
3 Teile Kobaltblau
1 Teil Umbra Natur
1 Teil Weiß

Orange (Auge und Rumpf)
2 Teile Siena natur
1 Teil lichter Ocker

Cremeweiß (Schnabel und Verzierungen)
2 Teile Weiß
1 Teil lichter Ocker

Blau (Details an Kopf und Füßen)
3 Teile Kobaltblau
1 Teil Umbra natur

Rot (Brust)
1 Teil Venezianischrot
1 Teil Kadmiumrot

Dunkelblau (Hals und Schweif)
3 Teile Kobaltblau
1 Teil Umbra natur

Terrakotta (Hals, Flügel und Schweif)
2 Teile Venezianischrot
2 Teile Siena natur
1 Teil Weiß

Beige (Flügeloberteil)
2 Teile Weiß
1 Teil lichter Ocker
1 Teil Siena natur

Blau (Flügel)
4 Teile Kobaltblau
1 Teil Umbra natur
1 Teil Weiß

Grün (Flügel)
1 Teil Chromoxydgrün stumpf
1 Teil Wasser

Gelb (Flügel)
1 Teil lichter Ocker
1 Teil Wasser

Taube oben

Dunkelbraun (Umrisse/ Brustmuster)
2 Teile gebranntes Siena
1 Teil Schwarz

Rotbraun (Schwanz/ Flügel)
2 Teile Venezianischrot
1 Teil Siena natur

Ocker (Kopf/Flügel/Füße)
1 Teil Siena natur
1 Teil lichter Ocker

Grau (Schwanz/Flügel)
2 Teile Kobaltblau
1 Teil Umbra natur

Graublau (Brust)
3 Teile Kobaltblau
2 Teile Weiß
1 Teil Umbra natur

Blau (Halsringe)
2 Teile Kobaltblau
1 Teil Weiß

Weiß (Einzelheiten)

BLUMENKASTEN

Dieser rustikale Blumenkasten besteht aus gebrauchtem Dielenholz, erfordert keine komplizierten Verbindungstypen und ist deswegen leicht mit einem Hammer und Nägeln herzustellen. Die Bogenformen können mit einer Stich- oder Bügelsäge ausgesägt werden.

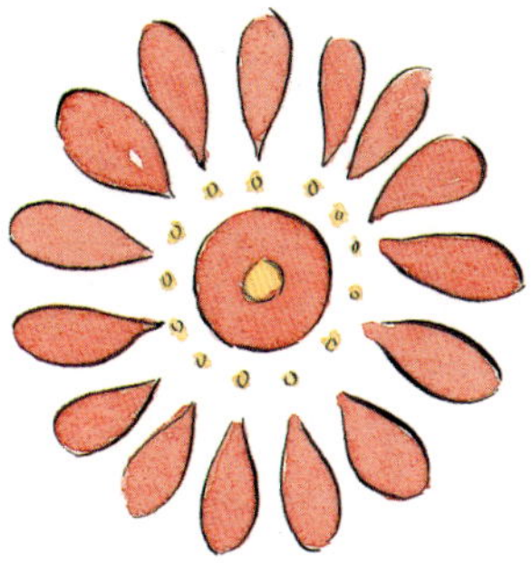

SIE BRAUCHEN

MATERIALIEN

Ausreichende Menge 19 mm starkes gebrauchtes Holz, z.B. Dielenholz, um folgende Teile auszusägen:
einmal 200 x 607 mm für die Rückwand
zweimal 200 x 200 mm für die Seitenwände
einmal circa 219 x 607 mm für den Boden (passend zugesägt)
10 x 19 mm starkes Weichholz, 2 m lang, für die waagrechten Leisten und senkrechten Streben

WERKZEUG/HILFSMITTEL

Pauspapier
Bleistift
Stich- oder Bügelsäge
Schraubzwingen
Mittelfeines oder feines Sandpapier
Holzleim
Stiftnägel
Hammer
52 mm breiter Kartonstreifen

1 Vergrößern Sie die Vorlagen auf Seite 104–105 mit einem Kopierer auf 160%. Pausen sie die Umrisse des Musters ab. Übertragen Sie sie aufs Holz.

2 Klemmen Sie das Holz an Werkbank oder Tischplatte fest. Schneiden Sie Rückwand und Seitenteile mit einer Stich- oder Bügelsäge aus. Glätten Sie die geschwungenen Kanten mit Sandpapier.

3 Die Seitenwände kommen mit der Kante an die Rückwand. Verleimen Sie die sich berührenden Kanten. Verstärken Sie mit Stiftnägeln. Zeichnen Sie das Bodenteil vor und sägen es aus. Leimen Sie die zusammengefügten Seiten so auf das Bodenteil, daß die Kanten bündig sind. Verstärken Sie mit Stiftnägeln.

4 Sägen Sie das 10 x 19 mm starke Weichholz in zwei 569 mm lange, waagrechte Leisten. Sägen Sie zehn 80 mm lange, senkrechte Streben zu. Leimen und nageln Sie die untere Leiste entlang der Vorderkante an.

5 Befestigen Sie an jedem Ende eine vertikale Strebe auf der unteren Leiste und an den Seitenwänden des Blumenkastens mit Leim und Nägeln. Leimen und nageln Sie die obere Leiste auf die senkrechten Streben.

6 Verteilen Sie die restlichen vertikalen Streben in 52 mm Abstand entlang der unteren Leiste. Orientieren Sie sich am Kartonstreifen. Tragen Sie auf das Ende jeder Strebe ein wenig Leim auf und schieben Sie sie zwischen die waagrechten Leisten. Verstärken Sie die Verbindungen zusätzlich mit Stiftnägeln.

FARBPALETTE UND MALUTENSILIEN

Künstleracryl- oder Künstlerölfarben in folgenden Tönen:
- Hookers Grün
- Kobaltblau
- Weiß
- Kadmiumgelb
- Venezianischrot
- Gebrannte Umbra
- Ultramarin
- Umbra natur
- Lichter Ocker

Mattlack (wasserlöslicher Acryllack, wenn der Kasten in geschlossenen Räumen, Polyurethanlack, wenn er im Freien stehen soll)
Flacher weißer Behälter zum Anmischen
Breite und kleine Lackierpinsel
Künstlerpinsel Größe 5 und Schriftpinsel Größe 3

SCHRITT FÜR SCHRITT BEMALEN

1 Bemalen Sie mit einem breiten Lackierpinsel Boden, Seitenteile und Rückwand des Kastens mit der grünen Grundfarbe (Farbtonproben gegenüber). Streichen Sie nach dem Trocknen mit einem kleineren Pinsel die waagrechten Leisten und die geschwungenen Kanten blau. Malen Sie nun die senkrechten Streben rot an.

2 Zeichnen Sie im gleichen Abstand voneinander acht Kreise mit einem Durchmesser von 36 mm auf Rückwand und Seitenteile auf, die den Innenteil der Blumenmotive bilden.

3 Lassen Sie die Farbe über Nacht trocknen und bedecken sie den gesamten Kasten mit zwei Schichten Lack.

BLUME A

1 Malen Sie mit einem Künstlerpinsel Größe 5 den Innenteil jeder Blume rosarot, dunkelblau oder braun an (siehe Farbtonproben gegenüber). Trocknen lassen.

2 Malen Sie mit einem Künstlerpinsel Größe 5 mit Hookers Grün um den mittleren Kreis vier Blätter. Trocknen lassen.

3 Malen Sie mit einem Schriftpinsel Größe 3 die Details eines Gänseblümchens in Rosa, Cremeweiß oder Gelb. Trocknen lassen.

4 Malen sie ein kleines cremegelbes Staubgefäß auf und umranden Sie es mit Punkten.

5 Fügen Sie mit einem sauberen Schriftpinsel Größe 3 die gelben Blattadern hinzu.

6 Malen sie rund um jede Blume in Hookers Grün Verzierungen auf.

Farbtonproben

Grün (Untergrund)
3 Teile Hookers Grün
1 Teil Kobaltblau
1 Teil Weiß
1 Teil Kadmiumgelb

Rot (senkrechte Streben)
3 Teile Venezianischrot
1 Teil Weiß

Blau (waagrechte Leisten)
3 Teile Kobaltblau
1 Teil gebrannte Umbra
1 Teil Weiß

Innenteile (versch. Möglichkeiten)

Rosarot
2 Teile Weiß
1 Teil Venezianischrot

Dunkelblau
3 Teile Ultramarin
1 Teil Umbra natur

Braun
2 Teile lichter Ocker
1 Teil gebrannte Umbra

Grün (Blätter)
Hookers Grün

Blütenblätter und Blattadern (verschiedene Möglichkeiten)

Rosa
2 Teile Venezianischrot
2 Teile Weiß

Cremeweiß
3 Teile Weiß
1 Teil Umbra natur

Gelb
3 Teile lichter Ocker
1 Teil Weiß

Cremegelb (Staubgefäße)
2 Teile Weiß
1 Teil lichter Ocker

Blume B

1 Malen Sie mit einem Künstlerpinsel Größe 5 das Innere rosarot, dunkelblau oder braun. Trocknen lassen.

2 Fügen Sie mit Hookers Grün vier grüne Blätter hinzu. Trocknen lassen.

3 Malen Sie Rosenblütenblätter in Rosa, Cremeweiß oder Gelb auf. Trocknen lassen.

4 Malen Sie mit einem sauberen Schriftpinsel Größe 3 die cremegelben Staubgefäße.

5 Malen Sie mit einem Schriftpinsel Größe 3 die gelben Blattadern.

6 Machen Sie Verzierungen in Hookers Grün rund um den Außenrand der Blume.

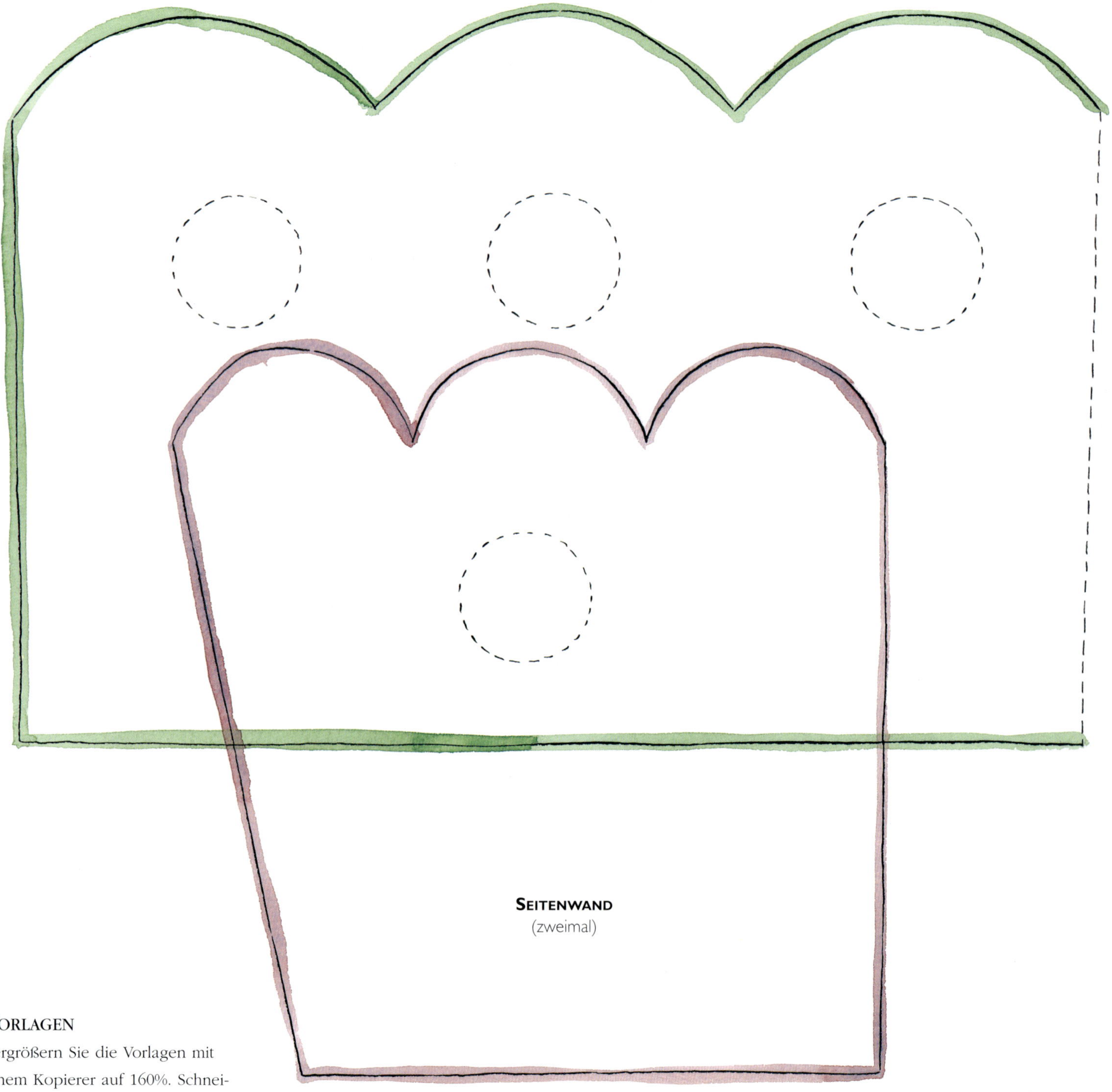

Vorlagen

Vergrößern Sie die Vorlagen mit einem Kopierer auf 160%. Schneiden sie die Formen wie folgt aus:

2 x Seitenwand
1 x Rückwand

Malen Sie die zwei Blumenmotive in der gewünschten Farbkombination auf (siehe Seite 102–103). Malen Sie die geschwungenen Ränder blau an.

TÜRKNÄUFE UND LAMPENZÜGE

Kleine Details wie diese können einem Raum eine elegante persönliche Note verleihen. Hier werden drei Stilrichtungen vorgestellt, die alle mittels unterschiedlicher Farbkombinationen variiert werden können.

SIE BRAUCHEN

Materialien/Werkzeug/ Hilfsmittel

Ausreichende Menge 32 x 32 mm starkes Weichholz, um daraus für jeden Lampenzug ein 120 mm langes Stück zu sägen
Handelsübliche hölzerne Türknäufe
Rückensäge
Schraubstock
Handbohrer mit 6 mm und 12 mm breitem Spiralbohreinsatz
Mittelgrobe halbrunde Feile
Mittelfeines und feines Sandpapier

Farbpalette und Malutensilien

Künstleracrylfarben in folgenden Tönen:
Cremeweiß
Venezianischrot
Ultramarin
Gebrannte Umbra
Hookers Grün
Wasserlöslicher Seidenglanzlack
Flacher weißer Behälter zum Anmischen
Kleiner Lackierpinsel
Kleiner Naturschwamm
Schriftpinsel Größe 5 mit langen Haaren
Dünner Künstlerpinsel
1 Schriftpinsel Größe 2
Pappstreifen, etwa 5 mm breit

1 Sägen Sie das Holz zunächst mit einer Rückensäge in 120 mm lange Stücke, um die Lampenzüge herzustellen.

2 Spannen Sie das Holz in einen Schraubstock. Bohren Sie (Bohreinsatz: 6 mm) ein Loch für die Kordel.

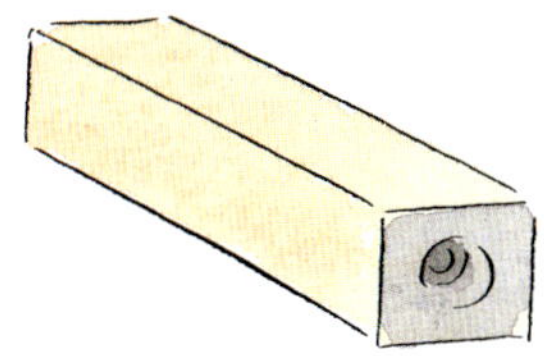

3 Verbreitern Sie die Öffnung an einem Ende etwas für den Knoten der Kordel (Bohreinsatz: 12 mm).

4 Feilen und schleifen Sie alle vier Kanten des gegenüberliegenden Endes im selben Winkel ab (siehe rechts). Sie können die vier Ecken mit Sandpapier rund schleifen, oder aber auch die Oberseite gerade belassen.

Schritt für Schritt bemalen

1 Mit einem kleinen Lackierpinsel Knäufe und Lampenzüge cremeweiß anmalen. Um Schmieren zu vermeiden, einen Bleistift in ein Ende des Lampenzugs stecken.

2 Für den Poreneffekt den Naturschwamm in die rote Farbe tauchen und ihn überall leicht aufdrücken.

3 Für den Lampenzug mit Karomuster aus Pappe einen Abstandhalter (circa 5 mm breit) herstellen. Mit dem angeschrägten Ende beginnen und jeweils drei blaue Streifen aufpinseln. Trocknen lassen, dann auf den Seiten Streifen in einem anderen Winkel aufmalen. Beim Türknauf einen Streifen in der Mitte malen, dann die an der Seite hinzufügen. Trocknen lassen, dann Streifen in einem anderen Winkel aufmalen. Dunkleres Blau mit weniger Lack anrühren. Mit Schriftpinsel Größe 2 in der Mitte jedes Streifens einen dunklen hinzufügen. Unteren Rand blau anmalen.

4 Für den Lampenzug längs der Mitte eine grüne Wellenlinie malen, dann Blätter und Blütenform am angeschrägten Ende, einen Streifen rings um die Ober- und Unterseite. In der Mitte einen Kreis aufmalen und mit Farnblättern umgeben. Einen breiten grünen Streifen auf den unteren Rand malen.

5 Trocknen lassen. Zweimal Seidenglanzlack auftragen.

Farbtonproben

Cremeweiß (Untergrund)

Rot (Poreneffekt)
3 Teile Venezianischrot
1 Teil wasserlöslicher Lack

Blau (Karomuster)
2 Teile Ultramarin
1 Teil gebrannte Umbra
1 Teil wasserlöslicher Lack

Grün (Farnmuster)
3 Teile Hookers Grün
Wenige Tropfen Venezianischrot
1 Teil wasserlöslicher Lack

HAUSNUMMERN

Diese Hausnummern eignen sich hervorragend dazu, Ihrem Haus Ihren persönlichen Stempel aufzuprägen. Hier werden zehn Variationen vorgestellt – jeweils eine Hausnummer auf einer kleinen Holzscheibe.

SIE BRAUCHEN

MATERIALIEN/WERKZEUG/ HILFSMITTEL

Beliebige Holzreste
Pauspapier
Bleistift
Bügelschraubzwingen
Stichsäge oder Bügelsäge
Mittelfeines und feines Sandpapier
Bohrer mit 2 mm Holzbohreinsatz
Kleine Holzschrauben

FARBPALETTE UND MALUTENSILIEN

Für alle Hausnummern:

Künstleracrylfarben in folgenden Tönen (siehe jeweils Farbtonproben):
- Weiß
- Kobaltblau
- Gebrannte Umbra
- Ultramarin
- Cremeweiß
- Kadmiumrot dunkel
- Kadmiumgelb
- Schwarz
- Zinnoberrot
- Indischrot
- Marineblau
- Venezianischrot
- Hookers Grün
- Kadmiumgelb dunkel
- Lichter Ocker

Wasserlöslicher Seidenglanzlack
Flacher weißer Behälter zum Anmischen
Kleiner Lackierpinsel
Verschiedene Künstler- und Schriftpinsel
Schablonierpinsel

1 Vergrößern Sie eine der Formen auf Seite 110–111 mit dem Kopierer, übertragen Sie sie auf das Holz, klemmen es fest und sägen die Form mit Stich- oder Bügelsäge aus.

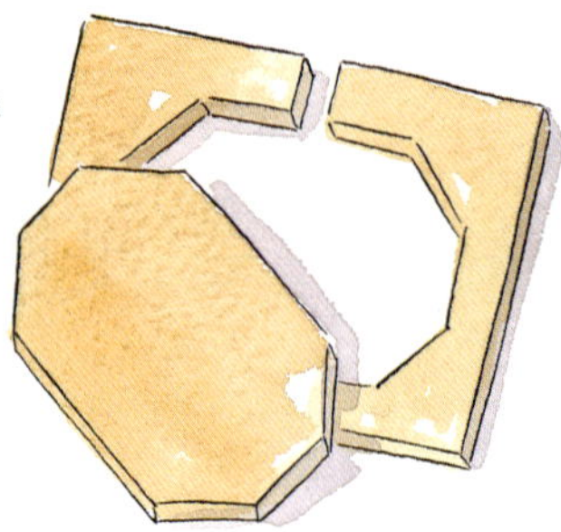

2 Runden Sie die Kanten mit Sandpapier ab und bohren Sie dann zwei kleine Löcher für die Schrauben.

FARBTONPROBEN

NR. 1

Weiß (Untergrund)

Blau (Ziffer und Umrandung)
1 Teil Kobaltblau
1 Teil gebrannte Umbra

NR. 2

Grau (Untergrund)
3 Teile Weiß
2 Teile Ultramarin
1 Teil gebrannte Umbra

Weiß (Ziffer)

NR. 3

Cremeweiß (Untergr.)

Rot (Ziffer)
Kadmiumrot dunkel

Dunkelgrün (innere Umrandung)
2 Teile Ultramarin
1 Teil Kadmiumgelb

Hellgrün (äuß. Umr.)
4 Teile Weiß
1 Teil Grün (siehe oben)

NR. 4

Cremeweiß (Untergr.)
Weiß (mit Schellack lasiert)

Blau (Deckschicht)
5 Teile Ultramarin
1 Teil gebrannte Umbra

NR. 5

Cremeweiß (Untergr.)

Rosa (Umrandung)
4 Teile Weiß
1 Teil Kadmiumrot dunkel

Schwarz (Ziffer und Linien)

NR. 6

Rotbraun (Untergrund)
2 Teile Zinnoberrot
1 Teil Indischrot
1 Teil gebrannte Umbra

Cremeweiß (Ziffer)
Weiß (mit Schellack lasiert)

NR. 7

Dunkelblau (Untergr.)
Marineblau

NR. 8

Cremefarbe (Untergrund)

Braun (Ziffer)
1 Teil gebrannte Umbra
1 Teil Venezianischrot

Rot (Umrandung)
2 Teile wasserlöslicher Lack
1 Teil Venezianischrot

NR. 9

Cremeweiß (Untergr.)

Grün (Ziffer und Umrandungen)
Hookers Grün

NR. 10

Cremeweiß (Untergr.)

Gelb (Deckschicht)
2 Teile Kadmiumgelb dunkel
2 Teile Weiß
1 Teil Lichter Ocker

Rotbraun (Ziffern)
2 Teile gebrannte Umbra
1 Teil Venezianischrot

3
7
2
1
4
9
5
6

Zusätzliche Materialien

Nr. 1
Krakeleelack
Künstleracrylfarbe Umbra natur
Weiches Tuch

Nr. 2
Antiklack

Nr. 3
Schablonierkarton oder durchsichtige Plastikfolie
Sprühkleber
Hobbymesser

Nr. 4
Papier
Hobbymesser
Sprühkleber
Naturschwamm
Schellack

Nr. 5
Karton zum Schablonieren
Hobbymesser
Sprühkleber
Antiklasur

Nr. 6
Wasser
Strukturierter Stoff, z.B. Leinwand
Schellack

Nr. 7
Goldleim
Blattgoldersatz
Feine Stahlwolle

Nr. 8
Schablonierkarton oder durchsichtige Plastikfolie
Sprühkleber
Hobbymesser

Nr. 9
Antiklasur

Nr. 10
Schablonierkarton oder durchsichtige Plastikfolie
Sprühkleber
Hobbymesser

Nummer eins

Malen Sie den Untergrund weiß. Trocknen lassen. Pausen Sie Ziffer und Umrandung ab, übertragen sie auf das Holz und malen sie blau an. Nach dem Trocknen schleifen Sie die Oberfläche etwas an, tragen Krakeleelack nach Weisung des Herstellers auf, reiben ein wenig Umbra natur in die Risse und wischen die Farbe mit einem weichen Tuch ab. Trocknen lassen. Tragen Sie zweimal wasserlöslichen Seidenglanzlack auf. Zwischendurch trocknen lassen.

Nummer zwei

Rühren Sie die Farben für den grauen Untergrund an und tragen Sie sie auf das Holz auf. Wenn der Untergrund trocken ist, schleifen Sie ihn leicht an. Pausen Sie dann die Ziffer ab, übertragen Sie sie auf das Holz und malen Sie sie weiß an. Trocknen lassen. Pinseln Sie den Antiklack auf, lassen Sie ihn trocknen. Tragen Sie zweimal wasserlöslichen Seidenglanzlack auf. Zwischendurch trocknen lassen.

Nummer sechs

Bemalen Sie das Holz rotbraun. Stellen Sie aus einem Teil Untergrundfarbe, einem Teil gebrannter Umbra und zwei Teilen Lack eine Lasur her. Falls nötig, mit Wasser verdünnen. Tragen Sie sie auf und drücken Sie dann ein Stück strukturierten Stoff auf die feuchte Lasur. Ziehen Sie es wieder ab, lassen Sie alles trocknen. Malen Sie die Ziffer weiß. Tragen Sie eine Schicht Schellack auf. Lackieren Sie alles.

Nummer sieben

Malen Sie den Untergrund dunkelblau an. Pausen Sie die Ziffer und die Umrandung ab und übertragen Sie beide auf das Holz. Tragen Sie Goldleim auf die umrissenen Bereiche auf und bedecken Sie dann den klebrigen Bereich mit Blattgoldersatz. Polieren Sie alles mit feiner Stahlwolle und bringen Sie zwei Schichten Lack auf. Lassen Sie den Lack zwischen den Anstrichen trocknen.

Nummer drei

Malen Sie das Werkstück cremeweiß. Trocknen lassen. Pausen die Ziffer 3 ab und kleben Sie sie auf Schablonierkarton oder transparente Plastikfolie. Schneiden Sie die Form passend fürs innere Feld. Kappen Sie die Ecken. Kleben Sie sie auf. Malen Sie die Ziffer mit roter Farbe und einem Schablonierpinsel auf. Pinseln Sie rund um den Rand der Schablone die dunkelgrüne Farbe. Geben Sie vier Teile Weiß hinzu und malen den blaßgrünen Rand. Nach dem Trocknen lackieren.

Nummer vier

Malen Sie das Schild weiß an. Zeichnen Sie die Ziffer 4 auf Papier auf und schneiden Sie sie aus. Kleben Sie sie mit Sprühkleber auf die Mitte des Schildes. Mischen Sie die blaue Farbe an und tragen Sie sie mit einem Naturschwamm auf das Papier und rundherum auf. Trocknen lassen. Ziehen Sie die Papierabdeckung ab, um die weiße Ziffer freizulegen. Tragen Sie eine Schicht Schellack auf. Trocknen lassen. Tragen Sie zweimal Lack auf. Zwischendurch trocknen lassen.

Nummer fünf

Malen Sie das Werkstück cremeweiß. Schneiden Sie Pappe aus als Schablone für das innere Quadrat. Schneiden Sie eine Ecke ab. Kleben Sie die Schablone mit Sprühkleber aufs Brett. Malen Sie die Umrandung rosa. Trocknen lassen. Ziehen Sie dann die Schablone ab. Mit einem feinen Schriftpinsel malen Sie die schwarze Randlinie auf den äußeren Streifen, eine zweite aufs innere Quadrat, dann die Ziffer. Lackieren, Antiklasur auftragen, lackieren; zwischendrin trocknen lassen.

Nummer acht

Malen Sie das Schild cremeweiß. Trocknen lassen. Malen Sie die Umrandung rot. Das Muster entsteht durch starkes Aufdrücken des Pinsels. Pausen Sie die Ziffer 8 ab, kleben Sie sie auf Schablonierkarton oder Plastikfolie. Schneiden Sie die Schablone aus und kleben sie auf. Malen Sie die Ziffer mit einem Schablonierpinsel. Trocknen lassen, dann lackieren.

Nummer neun

Streichen Sie den Untergrund cremeweiß an und lassen Sie ihn trocknen. Pausen Sie die Ziffer 9 ab und übertragen Sie sie auf das Schild. Mit einem feinen Schriftpinsel malen Sie die grünen Bereiche. Lassen Sie alles trocknen. Lackieren, dann die Antiklasur auftragen und erneut lackieren.

Nummer zehn

Bemalen Sie das Schild cremefarbenen. Tragen Sie mit einem trockenen Pinsel eine dünne Schicht gelbe Farbe auf. Fertigen Sie eine Schablone der Ziffer 10 an, übertragen Sie sie. Malen Sie sie rotbraun. Lassen Sie Farbe rund um die Schablone zusammenlaufen und leicht unter die Ränder fließen, damit sie verwischt. Anschleifen und zweimal lackieren.

LAMPENFUSS

Dieser vasenförmige Lampenfuß besteht aus vier identischen, zusammengeleimten Holzteilen. In die Mitte und den Boden wird eine Aussparung für das Stromkabel geschnitzt, dann werden die Teile zusammengefügt.

SIE BRAUCHEN

MATERIALIEN

- Ausreichende Menge 25 mm starkes Weichholz, um folgende Stücke zuzusägen:
  - viermal 300 x 205 mm
- Schraubfassung mit Verlängerungsröhre für zusätzliche Höhe (hier 120 mm)
- Stromkabel und Netzstecker
- Stück Filz, circa 100 x 205 mm, für die Unterseite

WERKZEUG/HILFSMITTEL

- Pauspapier
- Bleistift
- Bügelschraubzwingen
- Stichsäge
- Anschlagwinkel
- Beitel
- Holzhammer
- Holzleim
- Mittelfeines und feines Sandpapier

FARBPALETTE UND MALUTENSILIEN

- Künstleracrylfarben in folgenden Tönen:
  - Schwarz
  - Kadmiumorange
  - Goldocker
- Feiner Filzstift (abwaschbar)
- Mittelfeiner Filzstift (abwaschbar)
- Sprühlack auf Alkoholbasis
- Polyurethan-Seidenglanzlack
- Flacher weißer Behälter zum Anmischen
- Breiter Lackierpinsel
- Lasurpinsel

1 Vergrößern Sie die Vorlage auf Seite 115 mit einem Kopiergerät auf 130 Prozent. Dann pausen Sie die Form des Lampenfußes ab und übertragen sie auf jedes der vier Weichholzstücke.

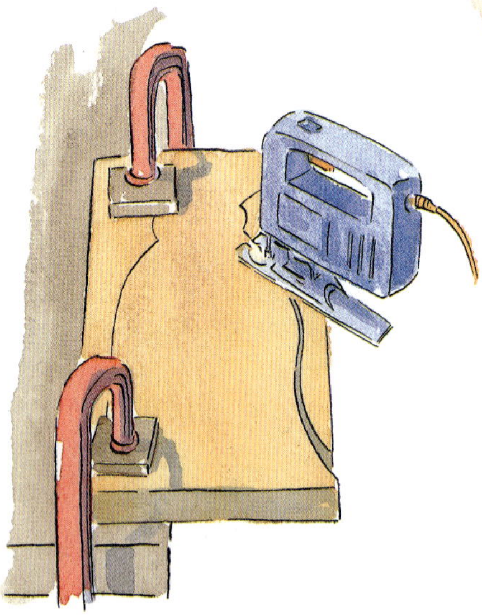

2 Mit Schraubzwingen klemmen Sie jedes Stück einzeln auf Tischplatte oder Werkbank, bevor Sie mit einer Stichsäge die identischen Formen aussägen.

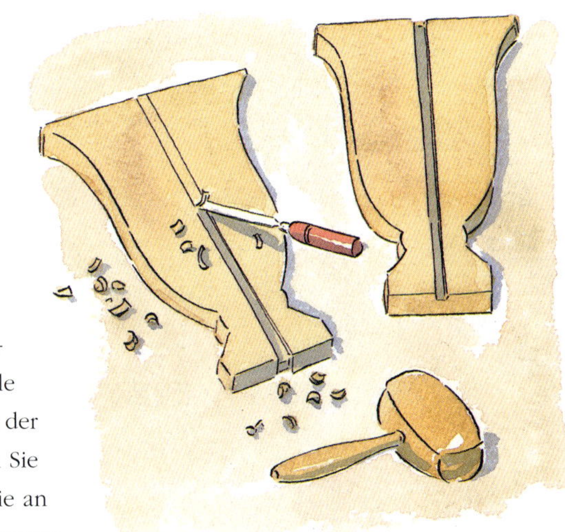

3 Für die Aussparung fürs Stromkabel: Mit einem Anschlagwinkels zeichnen Sie längs der Mitte zweier Teile zwei parallele Linien. Ihr Abstand ist etwas größer als der Kabeldurchmesser. Klemmen Sie die Teile fest. Heben Sie mit Beitel und Holzhammer den Abfall ab. Schaffen Sie an einer der Formen und einem äußeren Teil eine Aussparung fürs Kabel von der Mitte der Unter- bis zur Rückseite.

4 Für den Fuß tragen Sie auf die Innenflächen der beiden inneren Teile Leim auf, der nicht in die Aussparung fließen darf. Leimen Sie die beiden äußeren Formen genauso und klemmen Sie die vier Teile zusammen, bis der Leim gebunden hat.

5 Nach dem Trocknen schmirgeln Sie mit Sandpapier die Kanten des Fußes ab, so daß die Verbindungen nicht mehr sichtbar sind.

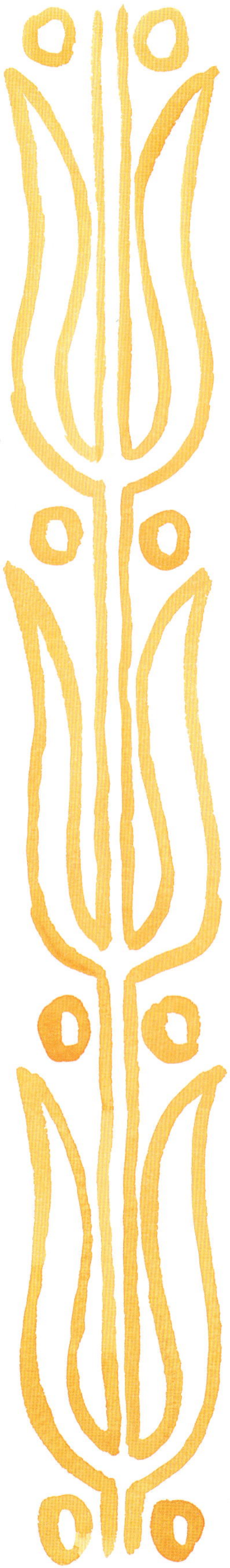

FARBTONPROBE

Schwarz

Orange

I Teil Kadmiumorange
I Teil Goldocker

SCHRITT FÜR SCHRITT BEMALEN

1 Bemalen Sie mit einem breiten Lackierpinsel die hintere, obere sowie alle seitlichen Flächen des Fußes mit der schwarzen Farbe. Wenn nötig, führen Sie zwei Anstriche durch, um eine zufriedenstellende gleichmäßige Oberfläche zu erreichen. Zwischen den Anstrichen trocknen lassen.

2 Tragen Sie zwei Schichten Orange auf die Vorderseite des Lampenfußes auf. Lassen Sie an den Kanten besondere Sorgfalt walten. Trocknen lassen.

3 Pausen Sie von der vergrößerten Vorlage sorgfältig das Muster ab. Ziehen Sie die Ränder mit einem weichen Bleistift auf der Rückseite nach.

4 Legen Sie die abgepauste Form mit der Vorderseite nach oben auf die Stirnseite des Lampenfußes und übertragen Sie das Muster auf das bemalte Holz.

5 Die schwarzen Verzierungen werden mit Filzstift hinzugefügt. Nehmen Sie einen feinen Stift, um die Bleistiftumrisse nachzufahren und zeichnen Sie dann mit einem mittelfeinen Stift die Ornamente ein. Achten Sie darauf, die Filzstiftstriche nicht zu verwischen.

6 Wenn die Bemalung Ihren Vorstellungen entspricht, fixieren Sie die Filzstiftzeichnungen mit alkoholbasiertem Sprühlack. (Verwenden Sie keinen wasserlöslichen Lack, da sonst die Ornamente verlaufen.)
Eine Stunde trocknen lassen.

7 Tragen Sie zwei Schichten Polyurethan-Seidenglanzlack auf die gesamte Oberfläche des Lampenfußes auf. Zwischen den Anstrichen vollständig trocknen lassen.

ENDMONTAGE

1 Bringen Sie den Lampenfuß zu einem Elektriker, der Ihnen die Lampenfassung installiert. Wenn Sie eine lange Schaftfassung verwenden (siehe unten), müssen Sie eventuell von oben ein breiteres Loch in die Mittes des Lampenfußes bohren, das die Fassung aufnimmt.

2 Kleben Sie ein zugeschnittenes Filzstück auf die Unterseite des Lampenfußes. So bleibt das Kabel am Platz, und der Fuß zerkratzt Ihre Tischplatte nicht.

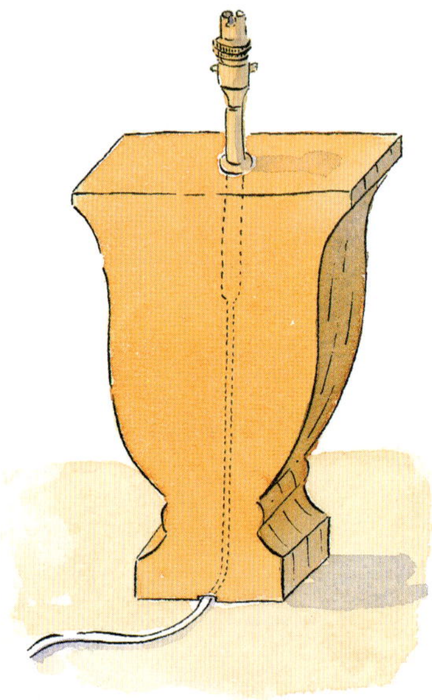

1

2

VORLAGE

Vergrößen Sie die Schablone mit einem Kopierer auf 130% und schneiden Sie folgende Formen aus:

Lampenfuß (viermal)

MODELLBAUSCHIFF

Modellbauschiffe wie dieses stammen aus den Tagen vor der Massenproduktion, ein Original wäre ein kleines Vermögen wert. Dieses Schiff hat nicht den Anspruch, mehr als eine Kopie zu sein, doch macht es in jedem Fall großen Spaß, ein neues Stück Holz künstlich altern zu lassen.

SIE BRAUCHEN

Materialien

Ausr. Menge 19 mm starkes Weichholz für folgende Stücke:
5x 593 x 128 mm (Schiffsrumpf)
9 mm starker Dübelstab, 1 Meter lang (Masten)
6 mm starker Dübelstab, 150 mm lang (Gaffel)
4 mm starkes Sperrholz, auf folgende Maße zugesägt:
2x 30 x 135 mm (Seitenw. Ruderh.)
2x 30 x 85 mm (Vorders./Rückw. Ruderhaus)
6 mm starkes Sperrholz, 150 x 90 mm, (Dach Ruderhaus)
5 x 10 mm Weichholz, 450 mm lang (Handlauf Reling)
2 mm starker Dübelstab, 480 mm lang (Pfosten Reling) (oder 24 Streichhölzer)
10 x 38 mm Weichholz, 85 mm lang (Treppe)
1 Korken, 20 mm Durchm., halbiert
2x 20 mm Stahlrohr, 60 mm lang (Schornsteine)
4x 5 mm starkes Weichholz, 45 x 15 mm (Takelagehalterung)
4 Rundkopfholzschrauben
Paketschnur für Takelage
Zwei Miniaturflaggen

Werkzeug/Hilfsmittel

Pauspapier und Bleistift
Lineal
Bügelschraubzwingen
Stichsäge und Rückensäge
Handbohrer mit 2, 6, 9 und 12 mm breiten Spiralbohreinsätzen
Holzleim
Hobel
Mittelfeines und feines Sandpapier
Hobbymesser
Stiftnägel und Hammer
Schraubenzieher

1 Vergrößern Sie die Vorlage auf Seite 119 mit einem Kopierer. Pausen Sie den Schiffsrumpf ab. Übertragen Sie ihn auf fünf Holzstücke. Ziehen Sie auf dem fünften Stück einen 10 mm breiten Rand um die Innenseite der Form.

2 Klemmen Sie das Holz auf die Arbeitsfläche und sägen Sie mit einer Stichsäge fünf identische Formen aus. Jedes Teil muß einzeln ausgesägt werden. Bohren Sie in das fünfte auf der Innenseite nahe der Linie ein Loch fürs Sägeblatt, sägen die Form aus und lösen den inneren Teil der Form heraus, wobei Sie den 10 mm breiten Rand, der später der Rand des Decks ist, ganz lassen.

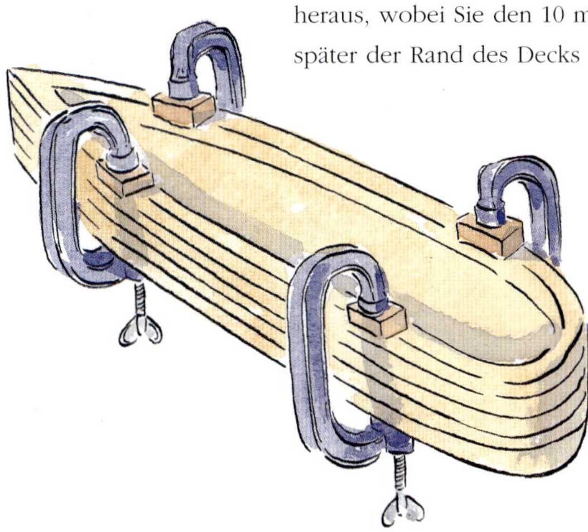

3 Legen Sie die vier intakten Bootsformen aufeinander. Die Kanten müssen genau übereinanderliegen, bevor Sie alle Berührungsflächen mit Holzleim bestreichen. Leimen Sie den ausgesägten Rand des Decks auf die Oberseite. Setzen Sie an den Kanten in gleichen Abständen Schraubzwingen an. Trocknen lassen.

4 Hobeln Sie den Rand des Decks so ab, daß er vom Bug zum Rumpf hin abfällt und in der Nähe des Hecks eben wird. Der Bug sollte 3 bis 5 mm höher sein als das Heck. Schleifen Sie die Seiten des Rumpfes ab.

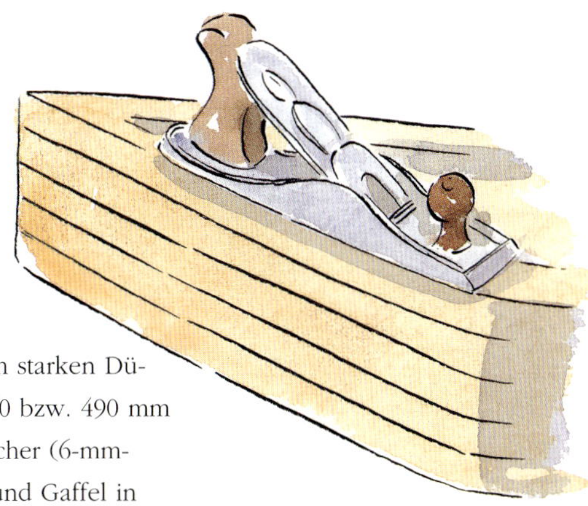

5 Sägen Sie aus dem 9 mm starken Dübelstab zwei Masten mit 460 bzw. 490 mm Länge. Bohren Sie zwei Löcher (6-mm-Bohreinsatz) für Takelage und Gaffel in den längeren, 35 und 230 mm zur Spitze.

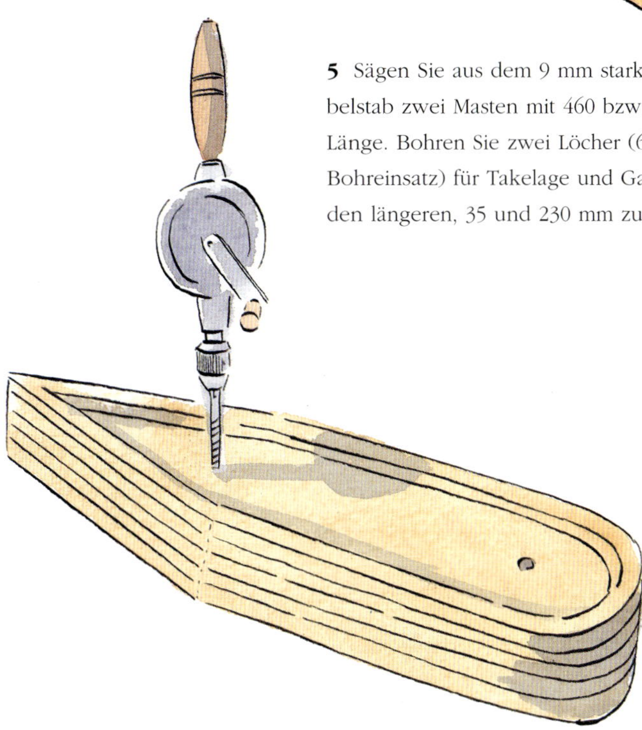

6 Für obere und untere Takelage bohren Sie in den kürzeren Mast 30 bzw. 205 mm zur Spitze zwei Löcher. Bohren Sie zwei 40 mm tiefe Löcher (9-mm-Bohreinsatz) für die Masten ins Deck, am Heck für den hinteren, schrägstehenden Mast in einem 70°-Winkel und am Bug in einem 90°-Winkel. Schneiden Sie die Masten für die Löcher passend zu. Befestigen Sie sie mit Holzleim. Kleben Sie das Ende der Gaffel an den schrägstehenden Mast.

7 Für das Ruderhaus auf dem Deck bohren Sie zunächst Bullaugen entlang der zwei langen Seitenteile aus Sperrholz. Bohren Sie in jede Seite im Abstand von 17 mm vier Löcher mit einem Durchmesser von 12 mm. Fügen Sie das Ruderhaus wie dargestellt zusammen, wobei Sie die langen Seiten zwischen die kurzen leimen. Festklemmen und trocknen lassen.

8 Sägen Sie den Handlauf der Reling so zu, daß er rund um das Dach paßt, und lassen an einem Ende eine Lücke (siehe Vorlage). Leimen Sie ihn an den vier Ecken zusammen, klemmen Sie ihn, wenn der Leim trocken ist, aufs Dach. Bohren Sie in gleichen Abständen 24 kleine Löcher (2-mm-Bohreinsatz) durch den Handlauf ins Dach.

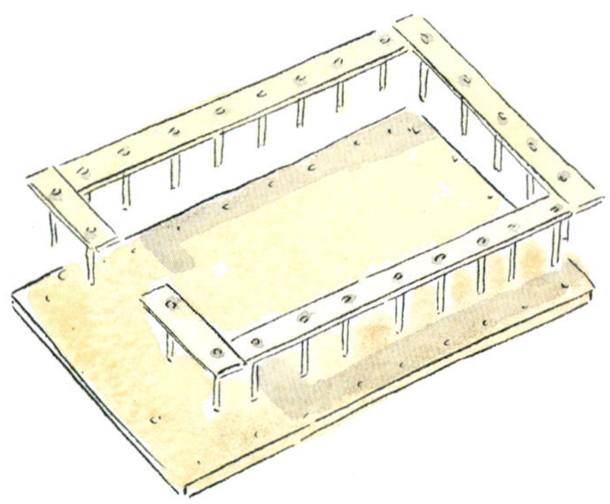

9 Sägen Sie den 2 mm starken Dübelstab in 24 je 20 mm lange Stücke. Leimen Sie die Dübel – oder Streichhölzer – in die Bohrlöcher im Handlauf und im Dach. Schmirgeln Sie die Reling ab, um alle vorstehenden Ecken bündig zu machen. Leimen Sie das Dach aufs Ruderhaus.

10 Sägen Sie das Treppenstück in drei Teile von 35, 25 und 15 mm Länge. Leimen Sie sie übereinander (siehe oben).

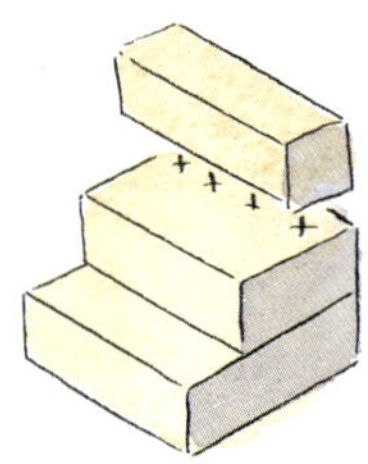

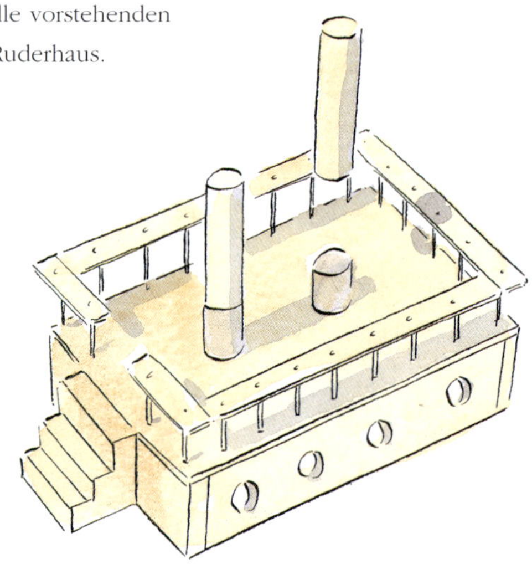

11 Leimen Sie die Korkhälften auf das Dach des Ruderhauses und bringen Sie die Rohre für die Schornsteine bündig darauf an. Leimen Sie die Treppe an die Frontseite des Ruderhauses und das zusammengefügte Teil in der richtigen Stellung auf das Deck (Vorlage Seite 119).

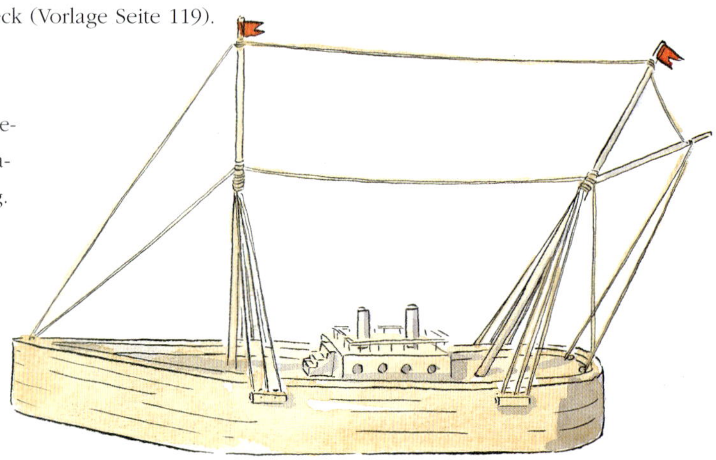

12 Bohren Sie mit einem 2 mm breiten Bohreinsatz drei Löcher in die Takelagehalterungen. Leimen und nageln Sie sie an die Schiffsseiten (siehe Vorlage). Drehen Sie für die Takelage drei Schrauben ins Heck, eine an den Bug.

13 Bemalen und lackieren Sie das Schiff. Trocknen lassen. Schneiden Sie Schnurstücke zurecht, verknoten sie unterhalb der Löcher in den Takelagehalterungen und führen sie zum Mast, wo sie festgeknotet und verleimt werden. Binden Sie Schnur um die Takelageschrauben. Befestigen Sie die Schnur an den Masten (rechts). Bringen Sie die Flaggen an.

Farbpalette und Malutensilien

Weiße Acrylgrundierung
Künstleracrylfarben, entsprechend den untenstehenden Farbtonproben
Wasserlöslicher Seidenglanzlack
Antiklack Eiche dunkel
Flacher weißer Behälter zum Anmischen
Verschiedene Künstlerpinsel
Schriftpinsel Größe 3
Lasurpinsel
Weiches Tuch

Farbtonproben

Kadmiumscharlachrot

Saftgrün

Zitronengelb

Ultramarin

Goldocker

Venezianischrot

Umbra natur

Schritt für Schritt bemalen

1 Tragen Sie auf das ganze Schiff weiße Acrylgrundierung auf. Trocknen lassen.

2 Mischen Sie einen Teil Zitronengelb mit fünf Teilen Ultramarin und bemalen Sie den Rumpf. Halten Sie ca. 20 mm Abstand zur Oberkante des Hecks und 30 mm Abstand zur Oberkante des Bugs (wegen der abfallenden Form). Trocknen lassen.

3 Mischen Sie einen Teil Ultramarin und acht Teile Venezianischrot. Bemalen Sie den freigelassenen 20–30 mm breiten Streifen um den oberen Teil des Rumpfes und die Innenseite der Deckumrandung. Heben Sie sich etwas für Schritt 5 auf. Trocknen lassen.

4 Mischen Sie einen Teil Venezianischrot mit sechs Teilen Goldocker und bemalen Sie damit Deck und Ruderhaus. Trocknen lassen.

5 Nehmen Sie die Restfarbe aus Schritt 3 für die elf Bullaugen auf jeder Rumpfseite sowie die drei auf dem Heck. Malen Sie auch Masten, Treppe, den Rand des Daches, Anker und Reling an. Gut trocknen lassen.

6 Malen einen 3 mm breiten Rand in Kadmiumscharlachrot um die Bullaugen in Rumpf und Ruderhaus. Bemalen Sie Schornsteine, Takelagehalterungen, den unteren Teil der Masten und Takelageschrauben mit derselben Farbe. Malen Sie mit einem feinen Schriftpinsel 15 mm über der Unterkante des Rumpfes eine rote Höchstlademarkierung. Ziehen Sie 3 mm darüber eine gestrichelte Linie sowie unterhalb des oberen Streifens aus Schritt 3. Rote Kreuze kommen auf beide Treppenseiten und drei saftgrüne Streifen auf die Schornsteine. Trocknen lassen.

7 Mischen Sie einen Teil Umbra natur mit fünf Teilen weißer Grundierung für die Bullaugen und den Namen.

8 Wenn alles getrocknet ist, tragen Sie Antiklack Eiche dunkel auf und wischen ihn ab, bevor er trocknet. Lassen Sie alles trocknen.

9 Tragen Sie schließlich zwei Schichten wasserlöslichem Seidenglanzlack auf.

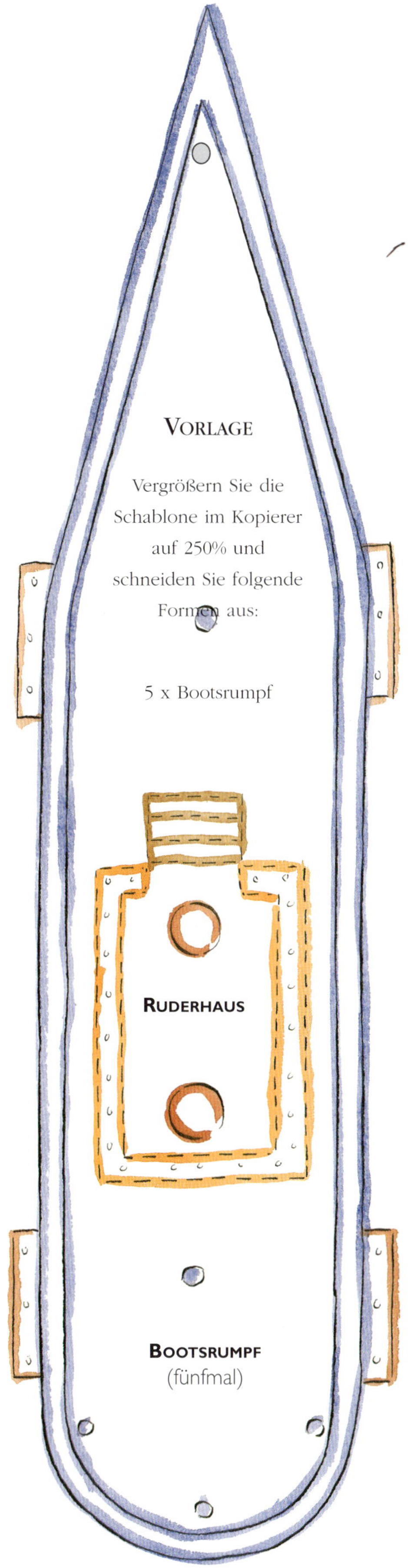

Holzführer

Holzarten werden hauptsächlich in Weichhölzer, Harthölzer und Faserplatten eingeteilt. Alle Arbeiten in diesem Buch sind für die Fertigung aus Weichholz oder Faserplatte statt aus Hartholz konzipiert, da dieses teurer und weniger leicht zu bearbeiten ist.

Denken sie daran, daß Sie, da auch hochwertiges Weichholz teuer sein kann, nicht unbedingt neues Holz zu kaufen brauchen. Altes Holz, zum Beispiel wiederverwendete Holzdielen, besitzt oft eine höchst reizvolle Oberflächenstruktur, die sie bei Ihren Dekorationsarbeiten dazu nutzen können, einen antiken Effekt zu erzielen.

Weichholz

Hierunter versteht man das grobringige Holz aller Nadelbäume wie zum Beispiel Fichte, Tanne und Kiefer. Wenn Weichholz zu Brettern verarbeitet wird, läßt es sich an seinem relativ hellen Farbspektrum erkennen, das von Hellgelb bis Rötlichbraun reicht.

Die meisten Weichhölzer sind in Faserrichtung recht stabil, nicht aber quer zur Faser. Der größte Vorteil, den Weichholz gegenüber Hartholz bietet – abgesehen von seinem niedrigeren Preis – ist die Tatsache, daß es sehr leicht ist und mit Säge, Beitel, Hobel und Sandpapier einfach zu bearbeiten ist. Schrauben nimmt es gut auf, Nägel jedoch können es splittern lassen, besonders, wenn sie parallel zum Faserverlauf gereiht eingeschlagen werden.

Wenn Sie Gegenstände herstellen, die für die Benutzung im Freien bestimmt sind, denken Sie daran, daß Weichholz porös ist und mit einem Holzschutzmittel oder mehreren Lackschichten behandelt werden muß, um wetterfest zu werden.

Am besten kaufen Sie Ihr Holz für solche Arbeiten in einem Heimwerkermarkt, denn dort wird gehobeltes Holz in der Regel tatsächlich in den angegebenen Maßen verkauft. Obwohl auf Holzlagerplätzen Weichholz in Standardgrößen verkauft wird, die sich entweder auf allseitig gehobeltes oder auf Schnittholz beziehen, können die Maße an allen Seiten insgesamt um bis zu drei Millimeter abweichen. Überdies ist das im Baugewerbe verkaufte Weichholz für unsere Holzarbeiten nicht geeignet, da es nicht ausreichend abgelagert (getrocknet) ist und deswegen dazu neigt, sich in der warmen Umgebung des Hauses zu verwerfen.

Weichhölzer werden nach der Gleichmäßigkeit ihrer Faserung und dem Ausmaß eingestuft, in dem tragbare Mängel wie beispielsweise Astfüße vorhanden sind. Für Bauzwecke werden sie, wo es auf Festigkeit ankommt, auch nach ihrer Belastbarkeit in Güteklassen eingeteilt. Wenn Sie Holz kaufen, vergessen Sie nicht, daß es sich um organisches Material handelt und keine zwei Stücke je gleich sein werden. Prüfen Sie das Holz vor dem Kauf genau und lehnen Sie etwaige fehlerhafte Stücke ab. Die Hauptmängel, auf die man achten sollte, sind:

Astfüße, die das Sägen unmöglich machen, und aus denen überdies Harz tropft

Verwerfungen, die durch ungleichmäßiges Trocknen während des Ablagerungsvorgangs hervorgerufen werden

kurze oder durchgehende Risse, die dadurch entstehen, daß das Holz außen schneller trocknet als innen.

Alle Weichhölzer nehmen Leim, Farbe und Holzbeize gut an und nehmen lackiert oder mit Wachspolitur versiegelt eine attraktive Oberflächenbeschaffenheit an.

Gebrauchtes Dielenholz

Gebrauchte Weichholzdielen sind gut abgelagert und besitzen eine ausgeprägte Maserung sowie „Charaktermerkmale", die im Lauf vieler Jahre durch Beanspruchung entstanden sind. Alle diese Eigenschaften können das fertige Stück noch interessanter werden lassen und sind der Grund dafür, daß gebrauchtes Dielenholz besonders für derbere, rustikale Stücke wie das Nähkästchen und die Ziehente geeignet ist (siehe Seite 22 und 62).

Faserplatten

Neues hochwertiges Weichholz kann sehr kostspielig werden, deshalb haben wir Ihnen mitunter vorgeschlagen, Faserplatten anstelle von oder zusammen mit Holz zu verwenden.

Faserplatten sind in verschiedenen Größen und Stärken erhältlich.

Mitteldichte Faserplatten (MDF)

Mitteldichte Faserplatten sind ein sehr vielseitiges Material. Sie werden aus Holz hergestellt, das auf kleinste Faserspäne reduziert, mit einem Kunstharzklebstoff vermischt und stark komprimiert wird. Die Dichte der Faserplatte wird durch den verwendeten Klebstoff und die Höhe des ausgeübten Druckes bestimmt.

Mitteldichte Faserplatten besitzen eine homogene Struktur und zwei glatte Oberflächen und ergeben beim Sägen eine saubere, harte Fläche. Sie können wie Holz bearbeitet werden und nehmen Farbe, Firnis und Lack sehr gut an. Mitteldichte Faserplatten sind schwerer als Weichholz, können aber trotzdem auf die gleiche Weise zusammengefügt werden, nämlich mit Hilfe von Leim und Stiften oder Schrauben.

Ihr einziger ästhetischer Nachteil ist ihre Regelmäßigkeit, obwohl Zierleisten und Farbeffekte verwendet werden können, um ihr merkmalloses Aussehen zu kompensieren.

Wir empfehlen Ihnen, eine Atemschutzmaske zu tragen, wenn Sie mit einer Motorsäge und solchen Faserplatten arbeiten, da das Einatmen des Staubs als gesundheitsgefährdend gilt.

Sperrholz

Sperrholz entsteht, indem dünne Schichten Holz aufeinandergeleimt werden, wobei die Faserrichtung der einzelnen Schichten stets abwechselt, um Verwerfungen zu verhindern. Sperrholz setzt sich aus einer ungeraden Anzahl von Schichten zusammen, so daß die Faserrichtung auf beiden Außenseiten die gleiche ist. Die Anzahl ist je nach ihrer Dicke und der der fertigen Platte unterschiedlich, die Mindestanzahl beträgt jedoch drei.

Nach der Qualität der Deckfurniere, der Decklage auf der Vorderseite (die üblicherweise mit einem Buchstabenkode angegeben wird) und des beim Beschichtungsprozeß verwendeten Klebstoffs wird Sperrholz in verschiedene Güteklassen eingeteilt. Prüfen Sie die Qualität vor dem Kauf, denn nicht alle Arten von Sperrholz sind für den Gebrauch im Freien geeignet. Wählen Sie hochwertige Sperrholzplatten für Oberflächen, die später sichtbar sind, und billigere für Schubfachböden.

Schlagen Sie niemals Nägel in die Schnittfläche einer Sperrholzplatte, da diese sonst splittert.

Balsaholz

Balsaholz ist das weichste und leichteste aller nutzbaren Harthölzer. Balsaholz ist grob- und geradfaserig. Es weist eine glatte Oberfläche auf, ist leicht abzuschleifen und so weich, daß sich mit einer Reibahle Löcher hineinstechen lassen.

Balsa gibt es in Packungen zu kaufen, die Blöcke von verschiedener Form und Farbe enthalten, und ist ideal für kleine Arbeiten wie die Clownmarionette (siehe Seite 71).

Profil- oder Zierleiste

Dieser dekorative Holztyp ist für verschiedene Zwecke wie die Herstellung von Bilderrahmenumrandungen oder die Verzierung und Vervollkommnung von gesägten Flächen geeignet. Eine gegehrte Profilleiste, die den Sockel einer einfachen Kiste umgibt, läßt diese beispielsweise viel solider und vollkommener aussehen (siehe Nähkästchen, Seite 22).

Dübelstab

Diese zylindrischen Holzstäbe werden von Fachleuten zur Herstellung von Verbindungen benutzt. In unseren Arbeiten haben wir sie jedoch verwendet, um kleine Teile wie den Deckel des Kerzenkastens (siehe Seite 36) mit Scharnieren zu versehen, sowie zur reinen Dekoration, wie im Fall der Buntstiftbox (siehe Seite 69). Dübelstäbe dienten auch dazu, die Flügel und Räder der Ziehente zu befestigen (siehe Seite 62).

Wenn Sie einen Dübelstab für Scharniere verwenden, wählen Sie einen Durchmesser, der ungefähr ein Drittel der Dicke des Holzes beträgt, in das das Scharnier eingefügt werden soll. Schneiden Sie den Dübel zurecht, bevor Sie ihn anbringen – streben Sie das ungefähr Anderthalbfache der Holzdicke an – und bohren Sie das Loch immer etwas tiefer als notwendig, damit der Dübel sicher paßt.

Sie können Holzdübelstäbe in einem Größenspektrum kaufen, das Ihren Ansprüchen genügt. Wenn Ihr örtlicher Heimwerkermarkt die allerdünnste Ausführung nicht auf Lager hat, versuchen Sie es bei einem Modellbaugeschäft oder verwenden Sie wahlweise gewöhnliche Streichhölzer.

Werkzeuge & Hilfsmittel

Wenn Sie Erfahrung mit Holzarbeiten besitzen, werden Sie bereits mit einer Reihe von Werkzeugen vertraut sein und wissen, welches am besten für eine bestimmte Aufgabe geeignet ist.

Die hier beschriebenen Werkzeuge ermöglichen einfachere Holzarbeiten – die Arbeiten in diesem Buch sind speziell für eine begrenzte Werkzeugausrüstung konzipiert – doch es gibt noch viele, die die Arbeit erleichtern.

Werkbank

Wenn Platz- und Geldfragen nicht von Belang sind, ist eine gute, solide Werkbank für jede Tischlerarbeit ideal. Eine tragbare Werkbank ist für viele Heimwerkerarbeiten von Nutzen und kann auch zu einem großen Schraubstock umfunktioniert werden – das bewegliche Oberteil kann aufgeklappt werden, um Holz zum Sägen festzuhalten, oder flachgelegt werden für eine große Arbeitsfläche.

Wenn Sie erst mit Holzarbeiten begonnen haben und Ihnen weder Werkbank noch Schraubstock zur Verfügung stehen, keine Sorge: Alle Arbeiten lassen sich auf jeder stabilen Arbeitsfläche auch mit Bügelschraubzwingen ausführen.

Klemmvorrichtungen

Gehrungszwingen oder Leistenspanner

Keineswegs unverzichtbar, aber nützlich zum Einspannen von Bilderrahmen. An die Ecken des Rahmens werden die vier Zwingen angelegt, das Seil dann gestrafft, um Spannung zu erzeugen und auf alle vier Ecken gleich starken Druck auszuüben.

Sie können auch eine improvisierte Version herstellen, indem Sie feste Pappe benutzen, um die Ecken zu schützen, und eine Schnur zweimal um den Rahmen wickeln. Stecken Sie einen Dübelstab in die Schnur und drehen Sie ihn, um die Schnur straffzuziehen. So werden die Ecken des Rahmens fixiert, bis der Leim gebunden hat.

Bügelschraubzwingen

Für die meisten Arbeitsprojekte empfehlen wir Bügelschraubzwingen, um das Holz festzuklemmen, da wir davon ausgehen, daß Anfänger eher an einer Tischplatte als an einer mit einem Schraubstock ausgestatteten Werkbank arbeiten.

Bügelschraubzwingen sind in einer Reihe von Größen erhältlich, die nach der Weite der Backen angegeben werden. Die Backen werden angezogen, um Flächen zusammenzupressen, wenn mit Leim oder der Säge gearbeitet wird. Wenn Sie Schraubzwingen einsetzen, achten Sie stets darauf, das Holz mit Holzstückchen vor den Backen zu schützen.

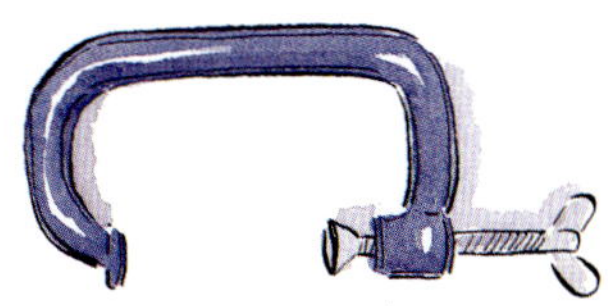

Schraubstock

Wählen Sie unbedingt eine Werkbank, die einen Schraubstock mit hölzernen Backen hat. Wenn das nicht der Fall ist, können Sie auch einen abnehmbaren Schraubstock kaufen, der an der Werkbank befestigt werden kann. Wenn Sie einen Schraubstock mit metallenen Backen benutzen, führen Sie zu beiden Seiten Ihres Werkstücks zum Schutz einen Holzrest ein.

Sägen

Es gibt viele verschiedene Arten von Sägen; einige sind für einfachere Tischlerarbeiten konzipiert, andere für professionelle Zwecke. Sie werden zur Durchführung unserer Arbeiten wahrscheinlich verschiedene Sägetypen benötigen.

Bügelsäge

Die Bügelsäge besitzt ein dünnes, austauschbares Blatt, das in einen Rahmen eingespannt und mit Stiften befestigt wird. Diese werden durch das Sägeblatt geführt und stecken in Rasten am Rahmen. Sie wird benutzt, um runde Formen in dünne Bretter zu sägen oder um Einschnitte in Flächen zu machen und überschüssiges Holz zu entfernen.

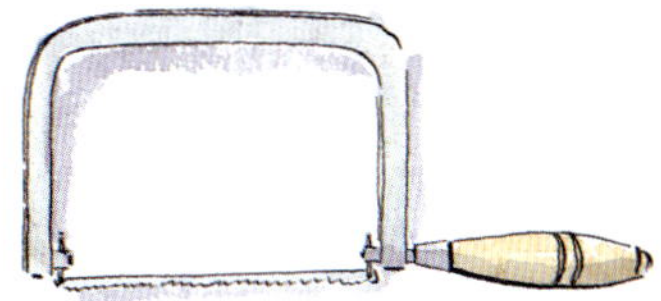

Handsäge

Handsägen sind in einer Vielzahl verschiedener Ausführungen erhältlich, die je nach ihrer Länge und der Anzahl der Zähne pro Zoll (TPI) für

allgemeine und besondere Zwecke eingesetzt werden. Dazu gehören u.a. die Längsschnittsäge, eine Langsäge (600-700 mm) mit relativ wenigen Zähnen, normalerweise 3-4 TPI, mit der lange Stücke Massivholz in Faserrichtung gesägt werden, die Quersäge, eine mittellange Säge (550-600 mm) mit 6–8 TPI, die zum Zusägen von Massivholz oder zum Sägen quer zur Faser verwendet wird, und die Furniersäge, eine Kurzsäge (450-550 mm), die für feine Schnitte in Massivholz, sowohl parallel als auch quer zur Faser, geeignet ist.

Stichsäge

Ein handgeführtes Elektrowerkzeug, das äußerst nützlich ist, wenn man gelernt hat, damit umzugehen. Mit einer Stichsäge lassen sich aus jedem beliebigen Stück Holz filigrane Formen und Bögen sägen. Während das Blatt durch das Holz gleitet, bewegt es sich auf und ab. Der Schnitt erfolgt jeweils bei der Aufwärtsbewegung, was bedeutet, daß die Schnittfläche auf der Unterseite immer glatter ist. Auswechselbare Sägeblätter sind in vielen Größen und Stärken erhältlich, achten Sie also darauf, das für Ihre Belange am besten geeignete zu benutzen – schmale Blätter sind für

filigrane Formen, breitere Blätter für gerade Linien ideal. Eine Stichsäge ist nicht von vornherein erforderlich – wenn Ihr Holz relativ dünn ist, kommen Sie sehr wahrscheinlich auch mit einer Bügelsäge aus.

Schlüssellochsäge oder Spitzsäge

Wie der Name schon nahelegt, dient diese biegsame handgeführte Säge dort für kleine Einschnitte, wo Bügel- oder Stichsäge wegen ihrer Größe fehl am Platz wären. Es lohnt sich, eine Reihe von Blättern in Reserve zu halten, denn die Zähne sind schnell beschädigt.

Rückensäge oder Zapfenschneidsäge
Diese vielseitige Tischsäge ist ideal für kleine Tischlerarbeiten, bei denen es auf Genauigkeit

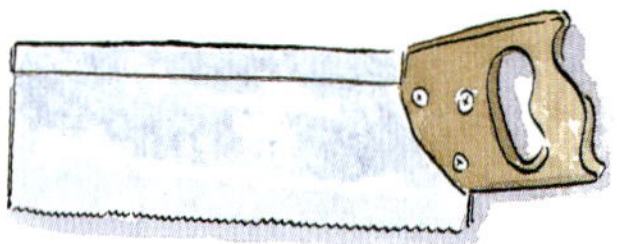

ankommt, sowie zum Sägen von Fugen. Die Säge besitzt ein dünnes Blatt, das durch eine auf den Rücken aufgesetzte Metalleiste – meistens aus Messing – versteift und beschwert wird. Dies verhindert, daß sich das Blatt verbiegt, macht die Säge einfacher in der Handhabung und erlaubt größere Präzision beim Sägen. Die Rückensäge muß immer waagrecht geführt werden.

Rückensägen sind in einer Vielzahl von Größen erhältlich. Die Tiefe des Schnitts wird durch die Höhe des Blattes eingeschränkt.

Bohrer und Bohreinsätze

Elektrobohrer
Der Bohrer ist das beliebteste Elektrowerkzeug, und man geht davon aus, daß heutzutage jeder Haushalt einen Bohrer besitzt. Der komfortabelste

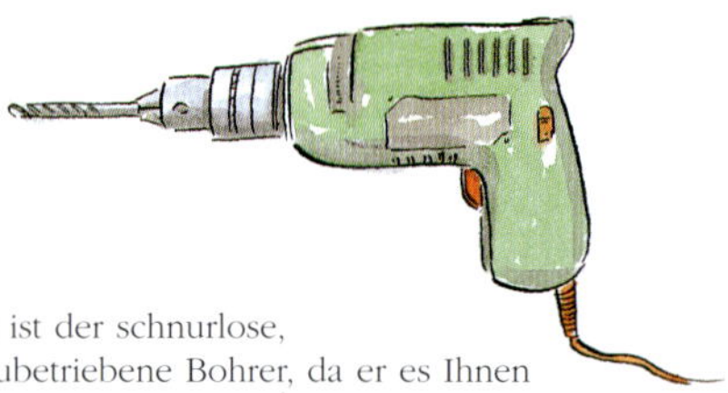

Typ ist der schnurlose, akkubetriebene Bohrer, da er es Ihnen gestattet, zu arbeiten, wo Sie wünschen, statt nur in unmittelbarer Nähe der Steckdose. Die besten Ergebnisse erzielen Sie, wenn Sie vor dem Bohren mit einer Reibahle ein Loch vorbohren, um Abrutschen zu verhindern. Wickeln Sie, um die Tiefe des Bohrlochs zu begrenzen, ein Stück Klebeband um den Bohreinsatz. Wenn das Klebeband auf der Höhe des Holzes angelangt ist, können Sie den Bohrer herausziehen.

Handbohrer
Mit Elektrobohrern ist Bohren zwar keine Schwerarbeit mehr, doch sind sie nicht immer leicht zu handhaben, besonders wenn Sie mit sehr feinen Bohreinsätzen arbeiten oder Feinarbeiten ausführen, zum Beispiel Löcher in Dübelstäbe bohren. In diesen Fällen sind Sie mit einem altmodischen Handbohrer, der größere Kontrolle erlaubt, besser bedient.

Bohreinsätze
Sie benötigen ein Sortiment verschiedener Bohreinsätze in unterschiedlichen Größen: Spiralbohreinsätze für einfache Arbeiten, einen Versenkbohreinsatz, um Schraubenköpfe im Holz verschwinden zu lassen, und einen Fräsbohreinsatz für große Löcher. Wenn Sie Löcher für Holzschrauben bohren, brauchen Sie mindestens zwei verschieden große Einsätze, um zu verhindern, daß das Holz splittert, wenn Sie die Schrauben anbringen. Das vorgebohrte Loch sollte schmaler und etwas kürzer als die Schraube sein, das Spanloch minimal breiter und genauso lang wie der Schaft der Schraube.

Werkzeuge zum Glätten und Ebnen

Feile
Feilen dienen zur Gestaltung von Kanten und zur Nachahmung von Abnutzungserscheinungen. Der vielseitigste Typ ist die Halbrundfeile, die eine flache und eine runde Seite hat. Eine Feile hebt nur während der Vorwärtsbewegung Holz ab, schieben Sie sie also über Ihr Werkstück und heben Sie sie ab, um Sie zurückzuziehen. Das Holz muß mit einer Schraubzwinge oder einem Schraubstock sicher fixiert werden.

Hobel
Mit einem Bankhobel kann man durch das Abheben feiner Späne die Breite oder Dicke eines Holzstücks verringern oder eine Oberfläche glätten. Er hat eine Stellschraube, mit der sich die Schnittiefe, und einen Hebel, mit dem sich der Winkel der Schneide verstellen läßt. Leichtes Hobeln mit einem scharfen und flach eingestellten Hobel kann eine hervorragende Oberflächenbeschaffenheit erzeugen. Der kleinste Hobeltyp ist der Wangenhobel.

Schleifmittel und Sandpapier
Schleifpapiere können verwendet werden, um Holz und bemalte Oberflächen zu gestalten, zu glätten oder künstlich altern zu lassen. Es gibt drei Kategorien: fein, mittelfein und grob. Feines Schleifpapier ist am besten zum Glätten, mittelfeines zur Formgebung geeignet. Grobes Schleifpapier zerkratzt oft die Oberfläche des Holzes und eignet sich am ehesten zum Entfernen von Farbanstrichen. Wenn Sie eine ebene Fläche abschleifen, wickeln Sie das Papier um einen Schleifblock, um gleichmäßigen Druck ausüben zu können. Schleifen Sie immer in Richtung des Faserverlaufs.

Werkzeuge zum Markieren, Messen und Schneiden

Reibahle (Ahle)
Mit diesem kleinen Werkzeug werden Löcher für Nägel und Schrauben vorgestochen. Seine Stahlklinge besitzt eine flache oder konische Spitze. Die besten Ergebnisse erzielen Sie, wenn Sie es aufdrücken und nach rechts und links drehen.

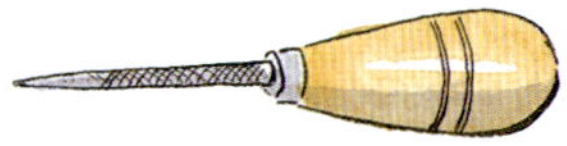

Beitel
Der Beitel wird zusammen mit einem Holzhammer eingesetzt, um Nuten und Fälze auszuheben, und um Holz zu kürzen und in die gewünschte Form zu bringen. Welche Größe Sie benötigen, hängt von der Größe der auszuhebenden Nuten oder Fälze ab; stellen Sie also vor dem Kauf fest, was gebraucht wird. Stumpfe Beitel führen öfter zu Unfällen als scharfe, sorgen Sie also immer dafür, daß Ihr Beitel scharf bleibt.

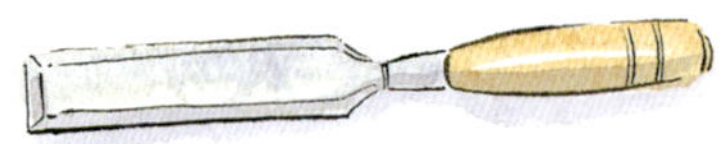

Hobbymesser
Ein vielseitiges Werkzeug; hauptsächlich dient es dazu, zur Orientierung an den Stellen Linien in das Holz zu ritzen, an denen eine Säge angesetzt wird.

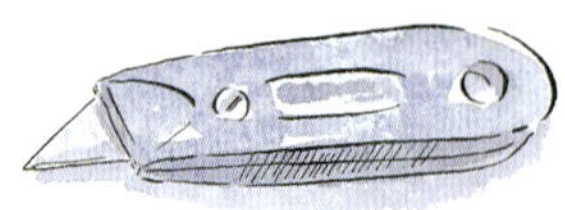

Gehrungslade
Gehrungsladen sind aus Metall, Plastik oder Holz. Sie haben Schlitze für das Sägeblatt – außen je einen links- und rechtsgerichteten im 45°-Winkel und in der Mitte einen Schlitz im rechten Winkel. Das Holz wird in die Gehrungslade gelegt und festgehalten oder an eine der Seitenwände geklemmt. Dann kann eine Rückensäge eingeführt und das Holz im gewünschten Winkel zugesägt werden. Dieses Werkzeug ist ein narrensicheres Hilfsmittel für präzise Gehrungsschnitte.

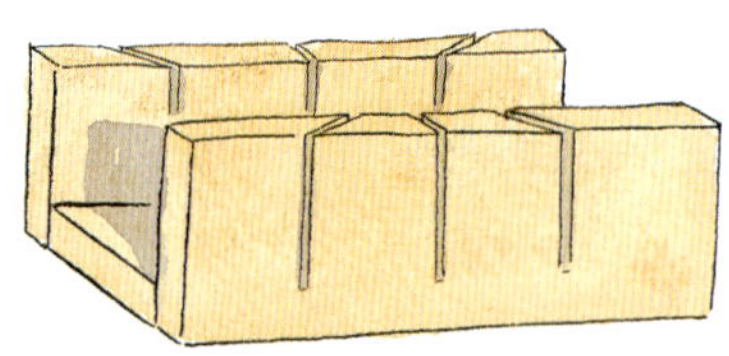

Wasserwaage
Wenn Flächen horizontal ausgerichtet und exakt gleiche Höhe gewährleistet werden soll, wie zum Beispiel beim Einpassen von Einlegeböden, ist eine Wasserwaage ein unverzichtbares Ausrüstungsstück. Sie ist so angelegt, daß sich die Luftblase zwischen zwei Markierungen auf der Röhre befindet, wenn die Waage horizontal liegt.

Anschlagwinkel
Ein L-förmiges Werkzeug mit einem flachen Stahlblatt, das im rechten Winkel an einem Griff aus Holz oder Plastik steht. Ein Anschlagwinkel dient dazu, rechte Winkel und parallele Linien zu ziehen und zu überprüfen. Achten Sie darauf, daß der Griff jedes Mal ganz am Holz anliegt, so daß der Winkel immer 90° beträgt.

Hämmer
Handgeführte Werkzeuge, die aus einem schweren, in der Regel stählernen Kopf und dem Stiel bestehen, an dessen Ende dieser befestigt ist. Es gibt mehrere verschiedene Typen. Der für Holzarbeiten wichtigste Hammer ist der Querhammer, und ihn sollten Sie auch kaufen, wenn Sie nur einen Typ Hammer kaufen möchten. Wenn Sie einen Nagel in Holz schlagen, halten Sie ihn zwischen den Fingern und benutzen Sie zuerst die schmal zulaufende Finne, bevor Sie den Nagel mit der flachen Kopfseite des Hammers ganz einschlagen.

Klauenhammer
Ein Vielzweckwerkzeug mit Holz- oder Gummigriff. Die Klaue dient dazu, Nägel aus dem Holz zu hebeln. Klauenhämmer werden nach dem Gewicht des Kopfes eingestuft.

Querhammer
Ein mittelschwerer Querhammer kann für alle einfachen Tischlerarbeiten benutzt werden. Die schmal zulaufende Finne an der Rückseite des Kopfes dient dazu, zwischen den Fingern gehaltene Nägel zunächst ein Stück weit in das Holz zu schlagen.

Holzhammer
Herkömmliche Holzhämmer besitzen einen hölzernen Kopf, was bei Gebrauch eines Beitels unverzichtbar ist, um zu vermeiden, daß der Griff beschädigt wird.

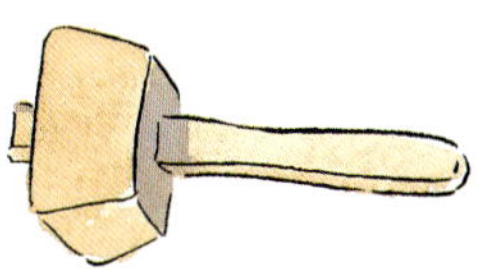

Schreinerhammer
Dieser kleine Hammer ist ideal, um Stiftnägel und kleine Drahtstifte und Nägel einzuschlagen.

Nägel
Nägel und Stifte gibt es in vielen Formen und Größen (siehe oben rechts). Nägel sollten immer durch das dünnere Stück Holz in das dickere geschlagen werden und dreimal so lang sein wie das zu fixierende Stück Holz, so daß zwei Drittel ihrer Länge im dickeren Stück Holz stecken. Wenn Sie eine Reihe Nägel einschlagen, hämmern Sie einen nach dem anderen ein, statt alle aufzureihen, sonst splittert das Holz unter Umständen in Richtung des Faserverlaufs. Wenn Sie eine geleimte Verbindung mit Nägeln verstärken, ist es am besten, sie abwechselnd im rechten Winkel zueinander einzuschlagen. Dieses Verfahren heißt Schrägnagelung und läßt die Verbindung deutlich stärker werden.

Stiftnägel
Die meisten der in unseren Arbeiten verwendeten Nägel sind Stiftnägel mit kleinem Kopf, die nach dem Einschlagen fast unsichtbar sind.

Stauchkopfdrahtstifte
Nägel mit eckigem Kopf, sind robust und gut für Holzarbeiten schlichterer Machart geeignet. Sie sind in verschiedenen Größen erhältlich.

Rundkopfdrahtsifte
Diese Nägel sollten nur für gröbere Konstruktionen verwendet werden, in denen sie später nicht zu sehen sind.

Schraubenzieher
Es ist wichtig, immer den für die Größe der Schraube passenden Schraubenzieher zu wählen, indem man die Breite des Kopfes mit der des Schlitzes im Schraubenkopf vergleicht. Wenn der Kopf zu klein oder zu groß ist, wird der Schraubenschlitz beschädigt oder verschwindet ganz und gar, was es schwierig macht, die Schraube wieder zu entfernen.

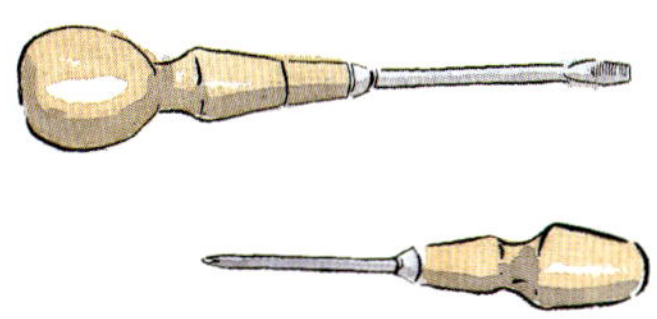

Holzschrauben
Schrauben werden normalerweise aus Stahl oder Messing hergestellt und nach der Länge und Dicke ihres Schafts (oder Durchmesser) eingeordnet. Die Länge der Schraube sollte das Dreifache der Breite des zu befestigenden Holzstückes betragen. Es gibt verschiedene Kopftypen: Flach- und Senkkopfschrauben schließen auf einer Höhe mit dem Holz ab; Rundkopfschrauben sitzen auf der Oberfläche. Für Eichenholz sollten Messingschrauben verwendet werden, da Stahl und Eichenholz nicht harmonieren und das Holz sonst fleckig wird. Wenn sie einen Elektroschrauber benutzen, wählen Sie Kreuzschlitzschrauben, denn die Gefahr des Abrutschens ist dann kleiner als bei Schlitzschrauben.

Bohren Sie immer ein Loch vor, wenn Sie zwei Holzstücke mit Schrauben verbinden. Beginnen Sie mit einem Spanloch, das breiter als der Durchmesser und länger als der Schaft der Schraube ist. Bohren Sie dann ein Führungsloch, das ein wenig schmaler als der Durchmesser der Schraube und minimal kürzer als ihr Schaft ist. Wickeln Sie, um die richtige Bohrtiefe zu gewährleisten, ein Stück Klebeband um den Bohreinsatz, das der Länge der Schraube entspricht. Hören Sie auf zu bohren, wenn das Klebeband die Holzöberfläche erreicht. Das Spanloch sollte immer mit dem Bohrer gemacht werden, aber wenn Sie Schrauben in Weichholz drehen wollen, können Sie für das Führungsloch auch eine Reibahle verwenden. Es gibt auch ein handgeführtes Werkzeug, den Nagelbohrer, mit dem Sie ein Loch vorbohren können. Er sollte nur in einer Richtung gedreht werden, solange Druck ausgeübt wird. Um den Nagelbohrer zu entfernen, drehen Sie ihn in der anderen Richtung wieder heraus, und er hinterläßt ein Gewinde, das die Schraube aufnehmen kann.

Scharniere
Scharniere gibt es meist paarweise. Sie bestehen aus Messing, Stahl oder Nylon. Klappscharniere, die aus zwei gleichen Flächen bestehen, sind der üblichste Scharniertyp und für alle Arbeiten in diesem Buch ideal.

Klebstoff
Wenn aus Gründen der Einfachheit in den Anleitungen nur von Holzleim die Rede ist, ist damit immer weißer Holzleim gemeint. Dieser ist zwar unter vielen Markennamen bekannt, besteht aber im Grunde aus PVA (Polivinylacetat), einem dicken wasserlöslichen Klebstoff, der nach dem Trocknen transparent ist. Holzleim läßt sich leicht auftragen und bindet bei Raumtemperatur.

Achten Sie immer darauf, daß die Holzflächen, die zusammengefügt werden sollen, genau aufeinanderpassen und staubfrei sind. Schleifen Sie sie, wenn nötig, zuerst mit Sandpapier an und entstauben Sie sie mit einem weichen Tuch.

Tragen Sie genug Leim auf, um das gesamte Holz zu überziehen, aber nicht soviel, daß der Leim tropft und läuft – zu viel Leim schwächt die Verbindung. Vergewissern Sie sich, daß die ganze Verbindungsfläche mit einem dünnen Leimfilm bedeckt ist, und drücken Sie die Teile zusammen, indem Sie sie eine Stunde lang festklemmen. Wenn sie über keine Bügelschraubzwingen und auch keinen geeigneten Schraubstock verfügen, können die zwei Teile auch mit straff gespanntem Klebeband zusammengedrückt werden, bis die Verbindung gefestigt ist. PVA ist wasserfest, aber nicht wasserdicht und sollte deshalb nicht für im Freien bestimmte Stücke verwendet werden, wenn das fertige Stück nicht versiegelt wird.

Sprühkleber sollte zum Schablonieren eingesetzt werden (siehe Seite 12), da er nicht dauerhaft ist und es Ihnen gestattet, die Schablone unbeschädigt von der Oberfläche abzuheben, so daß Sie sie erneut verwenden können. Sprühkleber ist sauber und leicht zu handhaben, und der auf Ihrem Werkstück verbleibende Rückstand ist minimal, aber wenn Sie wie im Fall der Briefablage (siehe Seite 26) größere Flächen einsprühen, sollten Sie eine Sprühkabine aus Karton anfertigen. Gehen Sie mit Sprühkleber immer sparsam um und tragen Sie ihn auf die Schablone statt auf das Holz auf.

Malutensilien

Acrylfarben
Acrylfarben sind für die meisten Oberflächen geeignet und nach dem Trocknen wetterfest. Sie können mit Wasser verdünnt oder mit jeder wasserbasierten Substanz wie zum Beispiel wasserlöslichem Lack vermischt werden. Acrylfarbenoberflächen können mit Lack, Wachs oder Antikwachspolitur behandelt werden, was sie äußerst vielseitig macht. Ein weiterer Vorteil besteht darin, daß die Pinsel einfach mit Wasser gesäubert werden können; waschen Sie sie aber immer sofort aus, da einmal getrocknete Farbe nicht wieder zu entfernen ist.

Ölfarben
Ölfarben sind wegen ihrer Farbtiefe und der Transparenz beliebt, die sich erzielen läßt, ohne daß die Farbe an Kraft verliert. Ölfarben lassen sich entweder mit destilliertem Terpentin oder einer Alkydverbindung wie beispielsweise Polyurethanlack verdünnen. Obwohl Alkydölfarbe wesentlich schneller als herkömmliche Ölfarben trocknet, ist es dennoch anzuraten, Ölfarben für Malereien wie die in unseren Arbeitsprojekten durchgeführten über Nacht trocknen zu lassen. Weichen Sie die Pinsel zur Reinigung in Terpentinersatz ein und waschen Sie sie mit warmem Seifenwasser aus.

Emulsionsfarben
Emulsions- oder Latexfarbe kann direkt auf versiegeltes Holz aufgetragen werden (eine Schicht Schellack ist die beste Versiegelung), damit ein matter, leicht kreidiger Effekt entsteht, der sich auf rustikalen Holzgegenständen besonders gut ausnimmt. Verwenden Sie Emulsionsfarbe als Untergrundfarbe oder sogar zum Aufmalen von Mustern, wenn Sie die Farbtöne haben, die Sie brauchen. Säubern Sie die Pinsel, indem Sie sie einfach mit fließendem Wasser ausgiebig auswaschen.

Lack
Die zwei Arten von Lack, die in unseren Arbeiten zum Einsatz kommen, sind Polyurethanlack (ein strapazierfähiger Lack auf Kunstharzbasis) und Acryllack (ein wasserverdünnbarer, milchiger Lack, der nach kurzer Zeit trocknet und klar wird). Beide Typen sind in mehreren Glanzgraden– matt, seidenglänzend und hochglänzend – erhältlich. Sie können auch getönt gekauft oder mit Farbe versetzt werden. Vergessen Sie nicht, daß sich Öl und Wasser nicht vermischen; verwenden Sie also immer wasserlösliche Lacke zusammen mit Acryl- oder Aquarellfarben und Polyurethanlack mit Ölfarben.

Schellack
Ein Lack auf Äthylalkoholbasis, den es in einer Reihe von Tönen, die von orange bis farblos reichen, zu kaufen gibt. Schellack ist zum Versiegeln von unbehandeltem Holz oder bemalten Oberflächen nützlich. Er braucht relativ kurze Zeit zum Trocknen (1 Stunde) und ist nicht wasserdicht.

Holzbeize
Im Grunde ein in Spiritus oder Alkohol gelöstes Farbpigment, das dem Holz dauerhafte Farbe verleiht. Holzbeize hebt die Holzmaserung hervor, dringt aber auch in alle Kratzer oder rauhen Stellen ein; vergessen sie also nicht, das Holz vor dem Auftragen gut abzuschleifen. Tragen Sie Holzbeize mit einem Baumwolltuch auf.

Pinsel
Vermeiden Sie generell billige Pinsel. Sie verlieren ihre Form und verursachen Probleme, indem sie Haare verlieren, die in der Farbe steckenbleiben. Die für unsere Arbeiten verwendeten Künstlerpinsel werden aus hochwertigem Kunsthaar hergestellt, das strapazierfähig ist und die Form ausgezeichnet bewahrt. Sie benötigen auch ein Sortiment guter Lackierpinsel, um größere Flächen zu streichen, sowie einen breiten Lasurpinsel.

Schablonierkarton
Geölter mittelfester Karton, der wasserabstoßend ist und abgewischt werden kann.

Durchsichtige Plastikfolie
Das alternative Material zum Schablonieren – eine transparente Plastikfolie – hat den Vorteil, daß Sie die Oberfläche sehen und die Schablone genauer positionieren können. Schablonierkarton ist billiger und viel leichter zu schneiden als Plastikfolie, dafür aber nicht so leicht zu biegen, wenn Sie die Schablone um eine Ecke herumlegen wollen.

Grundtechniken

Die Arbeiten in diesem Buch sind für Menschen konzipiert, die ein unterschiedliches Maß an Erfahrung mit Holzarbeiten mitbringen, erfordern jedoch niemals professionelle Kenntnisse. Hier einige der erforderlichen Grundtechniken:

Vorlagen

Vergrößern von Vorlagen
Nicht alle Vorlagen sind im späteren Maßstab. Sie müssen mit einem Kopierer auf den richtigen Maßstab vergrößert werden. Stellen Sie einfach die neben der Vorlage angebene Prozentzahl ein.

Abpausen von Vorlagen
Der leichteste Weg, eine Vorlage auf Holz zu übertragen, ist Pauspapier. Legen Sie es auf die Vorlage und fahren Sie die Umrisse mit einem weichen Bleistift (4B) auf dem Papier nach. Vergessen Sie nicht, alle Positionsmarkierungen abzupausen. Legen Sie die Pause mit der Vorderseite nach unten auf ein Stück Schmierpapier und schraffieren Sie die abgepausten Umrisse auf der Rückseite. Legen Sie die Pause nun mit der Vorderseite nach oben auf das Holz und befestigem Sie sie mit Klebeband, um zu verhindern, daß sie verrutscht. Fahren Sie die Umrisse nach und übertragen Sie so die Bleistiftmarkierungen auf die Holzoberfläche. Wenn das Motiv sehr komplex ist, ist es hilfreich, das Holz entlang der Umrisse mit einem scharfen Hobbymesser einzuritzen, um die Säge leichter ansetzen zu können.

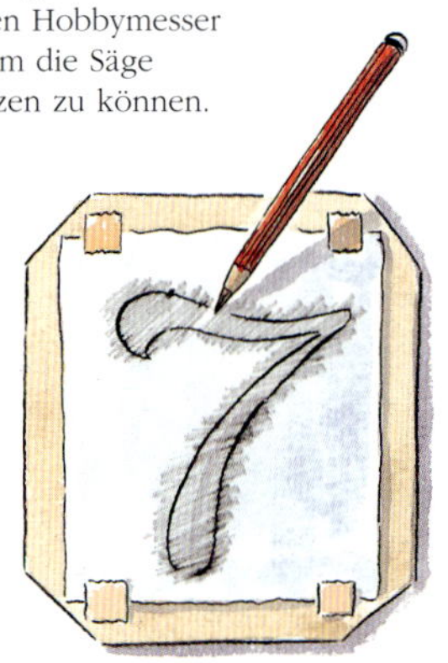

Holzverbindungen
Wir haben uns auf drei elementare Verbindungstypen beschränkt, nämlich die Stoßfuge, die Überlappungsfuge und die Gehrungsfuge.

Stoßfuge
Hierzu werden die Enden der zusammenzufügenden Teile rechtwinklig abgesägt; dann wird ein Endschnitt mit Leim bestrichen und auf die Fläche des anderen Stücks gesetzt. Die Verbindung wird in der Regel mit von hinten eingeschlagenen Stiftnägeln verstärkt, zur weiteren Stabilisierung können aber wie im Fall des Puppenhauses (siehe Seite 84) auch Eckstützen eingesetzt werden.

Überlappungsfuge
Für diese Verbindung wird eine Seite rechtwinklig abgesägt und in die anliegende Seite ein Falz geschnitten. Mit ihr werden häufig Schubfachvorderseiten befestigt. Der in die Vorderseite des Schubfachs geschnittene Falz ist etwas dünner als die Seitenwand, die in ihn eingefügt werden soll, um einen festen Halt zu gewährleisten. Der Falz wird wird mit Leim bestrichen, bevor die Seiten eingefügt werden, und dann mit Stiften verstärkt.

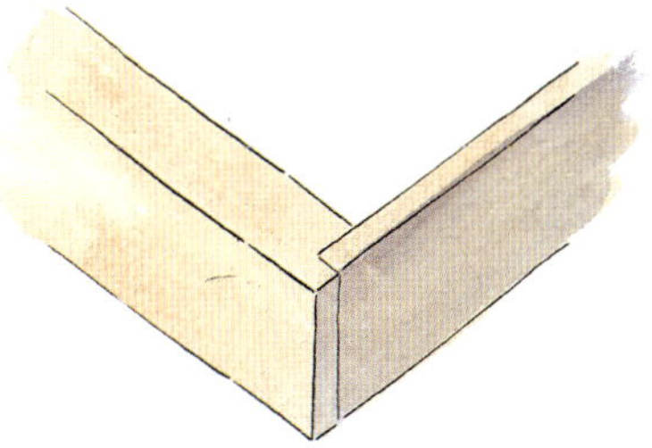

Gehrungsfuge
Diese Fugen werden aus Holzteilen erstellt, deren Endschnitte im 45°-Winkel gegehrt worden sind. Am leichtesten läßt sich das Holz mit Hilfe einer Rückensäge und einer Gehrungslade zusägen. Gegehrte Verbindungen wirken ausgesprochen ordentlich und sind deswegen ideal für Bilderrahmen und Zierleisten (siehe Seite 93–95). Die Schnittflächen werden verleimt und mit einer Gehrungszwinge oder einem Leistenspanner zusammengepreßt. Zur weiteren Verstärkung kann die Verbindung mit Stiftnägeln stabilisiert werden, wenn der Leim getrocknet ist.

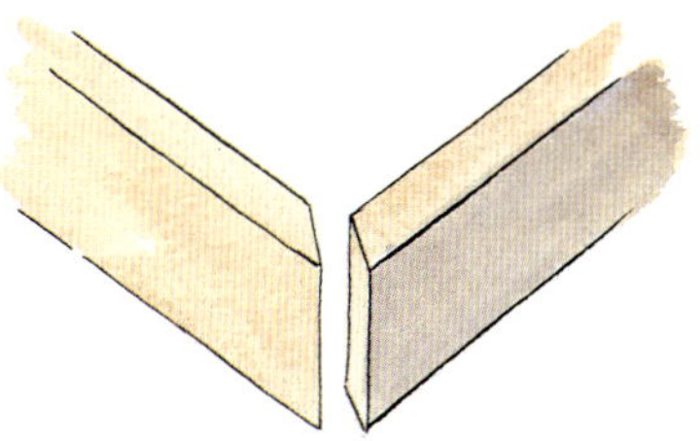

Richtiges Sägen
Sie sollten ein Stück Holz immer von der Seite der Schnittlinie her sägen, die später nicht sichtbar sein soll. Zuerst sollten Sie Ihr Holz mit einer Handsäge auf die richtige Größe bringen, bevor Sie mit der Feinarbeit beginnen. Markieren Sie mit einem Bleistift und einem Anschlagwinkel eine Schnittlinie vor und ritzen Sie das Holz entlang der eingezeichneten Linie mit einem Hobbymesser ein – die Oberkante des Holzes sieht dann sauberer aus. Fixieren Sie das Holz mit Bügelschraubzwingen oder einem Schraubstock, bis Sie das Holz angesägt haben – es geht zunächst darum, eine Rille zu erzeugen, die das Sägeblatt führen kann. Entfernen Sie dann die Zwingen und sägen Sie ohne großen Druck durch das Holz, während Sie es mit der freien Hand in der Nähe des Sägeblattes halten. Das Sägeblatt sollte flach gehalten und das Holz kurz vor Ende des Schnittes von unten gestützt werden. Achten Sie darauf, daß Ihre Säge stets scharf ist.

Stichsäge
Dieses Elektrowerkzeug wird zum Sägen von geraden oder gebogenen Linien eingesetzt. Um gerade zu sägen, klemmen Sie am besten antlang der vorgezeichneten Linie ein gerades Stück Holz auf, das als Anschlag für das Sägeblatt dient. Wenn Sie runde oder halbrunde Formen aussägen wollen, arbeiten Sie wie mit einer Bügelsäge (siehe unten), und zwar, indem Sie das Blatt durch ein Bohrloch führen und einer eingeritzten Linie folgen. Es ist wichtig, daß die Bodenplatte der Säge immer unmittelbar waagrecht auf der Holzoberfläche aufliegt, da es sonst zu Vibrationen kommt und das Sägeblatt das Holz beschädigen kann. Übung ist unerläßlich, damit Sie das Gefühl bekommen, daß das Werkzeug nicht tut, was es will, sondern Ihnen gehorcht.

Rückensäge
Arbeiten Sie wie bei allen Sägen mit ruhigen, gleichmäßigen Bewegungen und verwenden Sie die ganze Länge des Blattes. Setzen Sie eine Rückensäge waagrecht an das Holz an und ziehen Sie zu Anfang die Säge einige Male auf sich zu, um den Anfang des Risses zu finden.

Bügelsäge
Die Bügelsäge wird benutzt, um runde oder halbrunde Formen aus der Kante eines Holzstücks oder in ihrer unmittelbaren Nähe zu sägen. Die Tiefe des Schnitts wird durch den Bügel der Säge begrenzt. Markieren Sie, wenn Sie Motive oder geschwungene Linien aus einer Kante sägen wollen, die Formen vorher mit einem Messer und fixieren Sie das Holz mit Bügelschraubzwingen

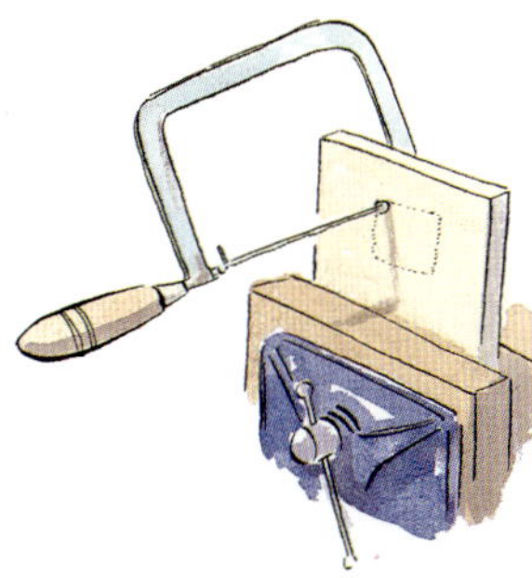

oder einem Schraubstock. Ziehen Sie das Sägeblatt mit kurzen Bewegungen von der Kante weg.

Bohren Sie, wenn Sie die Säge für Inneneinschnitte benutzen, in der Nähe des Randes der eingezeichneten Form ein Loch in das Werkstück, nehmen Sie das Sägeblatt heraus. Führen Sie es durch das Loch. Spannen Sie das Blatt wieder in den Rahmen ein. Sägen Sie die Form aus. Drehen Sie das Blatt im Rahmen, um das Sägen zu erleichtern.

Schlüsselloch- oder Spitzsäge
Diese Säge ist für Inneneinschnitte wie Schlüssellöcher oder kreisrunde Löcher

geeignet. Sie besteht aus einem einfachen, dünnen Blatt, das sich verjüngt, und einem runden Griff und kann so im Gegensatz zur Bügelsäge in jeder beliebigen Entfernung von der Kante eingesetzt werden. Ritzen Sie, um einen Kreis auszusägen, die Umrisse mit einem Hobbymesser ein, bohren Sie ein Loch in der Nähe des Randes und auf der später nicht sichtbaren Seite Ihrer Schnittlinie, führen Sie das Sägeblatt in das Loch ein und halten Sie es senkrecht. Sägen Sie dann mit kurzen Bewegungen und mäßigem Druck die Form aus.

Hobeln
Vergewissern Sie sich, bevor Sie beginnen, daß das Holz sicher fixiert ist; spannen Sie das Holz in einen Schraubstock ein, wenn Sie eine Kante glatthobeln. Wenn Sie eine ebene Fläche bearbeiten, klemmen Sie das Holz mit Bügelschraubzwingen an Ihrer Arbeitsfläche fest. Hobel müssen für effektives Arbeiten extrem scharf gehalten werden. Der Hobel schneidet bei der Vorwärtsbewegung; arbeiten Sie also immer nur in einer Richtung parallel zum Faserlauf.

Anbringen von Scharnieren
Sorgen Sie, bevor Sie ein Scharnier an einem Stück Holz befestigen, dafür, daß es später flach anliegt. Bringen Sie das Scharnier an der richtigen Stelle an und umranden Sie es mit einem Bleistift. So wird ein Scharnier befestigt: Drehen Sie zuerst eine Schraube in das mittlere Loch auf jeder Seite und prüfen Sie, ob das Scharnier gerade ist. Bringen Sie dann die restlichen Schrauben auf beiden Seiten an.

Falzen und Nuten
Wenn Sie weder eine elektrische Oberfräsmaschine noch einen Falzhobel besitzen, lassen sich Fälze und Nuten am besten mit Beitel und Holzhammer ausheben. Markieren Sie zuerst den auszuhebenden Bereich mit einem Bleistift und benutzen Sie einen Anschlagwinkel, um zwei parallele Linien zu ziehen. Machen Sie entlang der Linien Kerben mit einem Hobbymesser, damit eine Ansatzrille für die Säge entsteht. Die Tiefe der Nut oder des Falzes sollte ungefähr ein Drittel der Dicke des Holzstücks betragen, das in sie hineinpassen soll. Klemmen Sie das Holz an Ihrer Arbeitsoberfläche fest und sägen Sie es entlang beider Linien bis zur richtigen Tiefe ein. Wählen Sie einen scharfen Beitel, der zwischen den beiden Linien Platz hat, und heben Sie Späne ab, indem Sie mit dem Holzhammer auf den Griff des Beitels klopfen. Arbeiten Sie sich immer vom äußeren Rand zur Mitte vor, drehen Sie dann das Holz und bearbeiten Sie es mit dem Beitel vom anderen

Außenrand zur Mitte hin, damit die Nut bzw. der Falz glatt und eben wird. Wenn viel Holz abgehoben werden muß, bohren Sie entlang der ganzen Fläche mehrere Löcher in der richtigen Tiefe, bevor Sie mit dem Beitel beginnen.

Register

Danksagungen

Die Autoren möchten ihre Anerkennung und Dankbarkeit gegenüber den traditionsverbundenen Kunstschaffenden und bodenständigen Kunsthandwerkern der Vergangenheit und Gegenwart zum Ausdruck bringen. Ihrer Arbeit verdanken wir unsere Inspiration. Der „globale Supermarkt" hat uns zwar eine Fülle von handgefertigten bemalten Gegenständen aus aller Welt beschert, die es überall zu kaufen gibt, doch wäre es schade, im Laden zu erstehen, was man selbst schaffen kann. Wir hoffen, daß Sie dieses Buch dazu ermutigt, zu erleben, wieviel Vergnügen die Arbeiten bereiten und welche Befriedigung das Endergebnis verschafft.

Wir möchten folgenden Tischlern danken, die uns bei der Durchführung einiger Arbeiten behilflich waren. Alle übernehmen individuelle Auftragsarbeiten. Zu erreichen sind sie unter diesen Nummern:

Martin Abrahams 3 Stanley Road, Hastings, East Sussex TN34 1UE
01424 430 776

Ivan Carson 41 Priory Road, Hastings, East Sussex TN34 3JJ
01424 440 640

Tim Hickmott Farthings Pine, 2 Terminus Road, Bexhill-on-Sea, East Sussex TN39 3LP
01424 734 778

Ein großes Dankeschön an Sacha, Josh, Uta und Ray für ihre Hilfsbereitschaft und Freundschaft. Zu guter letzt sei allen bei Ryland Peters & Small gedankt, deren hohe Ansprüche und Unkompliziertheit die Arbeit an diesem Buch zu einem Vergnügen machten.